독일의 생태시

- 생명의식과 저항의식의 상관성 -

송용구 지음

새미

　새로운 밀레니엄이 시작된 지금, 세계는 각종 이상기후 현상으로 인하여 수많은 인명과 재산의 피해를 겪고 있다. 이것은 생태계의 파괴로 인하여 자연법칙과 순환질서가 교란되어 나타난 결과라 할 수 있다. 랄프 슈넬 (Ralf Schnell)의 말처럼 현대인들은 '손상된 세계' 속에 살고 있다 해도 과언이 아닐 것이다. 이러한 위기의 시대에 아직까지도 자연의 순수함과 아름다움을 낙관적으로 신뢰하는 시인들과 독자들이 상당수 존재하고 있다. 자연을 바라보는 시각이 현실과 관련을 맺지 못한 채, 낭만주의적 전통에 갇혀 있는 것이다.

　이제는 시인들과 독자들의 자연관을 전통적 관념으로부터 탈피시켜 현실의 카테고리 속으로 유도하는 일이 무엇보다도 중요해졌다. 현실인식의 바탕 위에서 독자들의 '인간중심주의'적 패러다임을 '생태주의'적 패러다임으로 전환시켜야 할 현대시의 소명은 아무리 강조해도 지나치지 않다고 생각된다. 이러한 시대적 상황 속에서 필자의 글 『독일의 생태시－생명의식과 저항의식의 상관성』은 인간과 자연 간의 관계를 새롭게 성찰하는 문학의 길을 제시하게 될 것이다. 필자의 글이 "현실과 자연 간의 관계를 문학적으로 어떻게 다루어야 하는가?"하는 의문을 해결할 수 있는 실마리를 제공할 것으로 기대한다. 궁극적으로는 '생태시'에 대한 이해의 폭을 넓히는 역할을 하게 되리라 전망해본다.

　필자의 저서는 대학교의 강의 현장에서 교재로서도 활용될 것이다. 생명을 물질의 단계로 타락시켰던 인류의 과오를 반성케 하는 경고의 메시지로서 '생태시'가 지금까지도 영향력을 미치고 있다는 것을 대학생들에게 실증하게 될 것이다. 특정한 시대에 국한된 문학적 현상이 아니라 시대의 한계를 뛰어넘어 '참여문학'의 생명력을 계승하는 현대시의 표본이 곧 '생태시'라는 것을 학생들에게 가르치게 될 것이다. 동시에 '생태시'의 지속 가능성과 문학적 생명력을 전망하는 의의를 갖게 될 것으로 기대한다.

2007. 3. 1.

송 용 구

제1부

독일의 생태시에 나타난 생명의식과 저항의식의 상관성

1. 달라진 자연과 '생태시'의 출현

제2차 세계대전 후에 자연을 낭만주의적 시각으로 바라보지 않고 현실주의적 시각으로 바라보는 새로운 시작품들이 독일, 스위스, 오스트리아 등 독일어권 지역에서 발표되기 시작했다. 이 새로운 시작품들은 자연을 인간 사회와의 관련 속에서 바라보는 가운데 생태계가 파괴되어가는 현상을 현실적 사회문제로 부각시켰다. 생태계 파괴를 불러일으키는 사회적 원인들을 인식함으로써 인간과 자연 간의 관계를 비판적으로 성찰하게 된 현대시를 '생태시(Ökolyrik)'[1] 또는 '생태학적 시(Ökologische Lyrik)'[2]라고 한다. 1866년 생물학자 에른스트 헤켈에 의해 처음 제시되었던 '생태학(Ökologie)'의 개념과 시(Lyrik)가 결합되어 '생태시'라는 명칭이 형성되었다. '생태학'이란 특정한 유기체와 주변 환경 간의 연관을 연구하는 학문이다. 물, 공기, 흙과 동식물 간의 상호 작용을 연구함으로써 생물들 간의 연관 시스템

---

1) P. C. Mayer—Tasch, *Ökologische Lyrik als Dokument der politischen Kultur*, in: *Im Gewitter der Geraden. Deutsche Ökolyrik 1950—1980*, hrsg. v. P. C. Mayer—Tasch, München 1981, S. 11.
2) Ebd., S. 9.

을 밝혀내고 종(種)의 생존 조건을 규명하는 학문이다. 이러한 생태학적 인식에서 생겨난 '생태주의' 철학, 사회현실에 대한 비판적 인식, 환경보호운동의 이념 등이 '생태시'의 정신적 근간을 이루고 있다.[3]

뮌헨 대학의 정치학 교수이자 '정치－생태학'의 전문가인 페터 코르넬리우스 마이어－타쉬 (P. C. Mayer－Tasch)는 1980년 자신의 논문 「생태시는 정치적 문화의 기록물/Ökologische Lyrik als Dokument der Politischen Kultur」에서 처음으로 '생태시'라는 명칭을 사용하였다.[4] 특히, 그의 논문은 1981년 뮌헨의 체. 하. 베크(C. H. Beck) 출판사에서 출간된 생태사화집 『직선들의 폭풍우 속에서. 독일의 생태시 1950－1980/ Im Gewitter der Geraden. Deutsche

페터 코르넬리우스 마이어
－타쉬(1938－생존)

Ökolyrik 1950－1980』의 서문[5]으로 수록되어 있다. 따라서 '생태시'라는 명칭이 본격적으로 사용된 최초의 단행본은 『직선들의 폭풍우 속에서. 독일의 생태시 1950－1980』인 것이다. 마이어－타쉬 교수가 단독으로 편찬한 이 생태사화집은 독일어권 지역의 대표적 생태시집이다. 1950년대 이후 1970년대에 이르기까지 '생태시'의 문학적 성격, 다양한 주제의식, 언술방식의 특징, 사회참여의 양상 등을 총체적으로 분석해볼 수 있는 중요한 시집이다. 마이어－타쉬는 동독 및 서독·스위스·오스트리아 등 독일어권 지역 출신의 시인 92명의 '생태시' 206편을 테마의 성격에 따라 제1장에서 제8장까지 다양하게 분류해놓았다. 이 사화집에 실린 작품들 중 약 120여

---

3) 송용구, 『현대시와 생태주의』, 새미, 2002, 21쪽.
4) P. C. Mayer－Tasch, a.a.O., S. 11.
5) Ebd., S. 9－26.

편의 시가 1970년대에 발표되었다는 사실을 감안해 볼 때, 1970년대는 '생태시'가 독일어권 현대시의 뚜렷한 조류를 형성하였음을 알 수 있다.

마이어-타쉬 교수는 생태사화집 『직선들의 폭풍우 속에서』에 수록한 자신의 논문에서 '생태시'의 개념을 명확히 규정하지 못하는 한계를 드러내기도 했다. 그러나 '생태시'에 나타난 현실비판적 성격과 사회비판적 성격을 진단함으로써 인간과 자연 간의 관계를 리얼리즘의 관점에서 비판적으로 조명하는 새로운 '자연문학'의 속성을 가시화시킨 것은 그가 남긴 문학적 의의라고 할 수 있다. 생태계가 병들어가는 원인들을 사회적 부조리와 저열한 '정치문화(政治文化)'로부터 찾을 수 있도록 독자의 비판정신과 개혁의지를 유도하였다는 점에서 마이어-타쉬

마이어-타쉬 교수의 편찬으로 뮌헨의 C. H. Beck 출판사에서 간행된 『직선들의 폭풍우 속에서. 독일의 생태시 1950-1980』의 독일어 원본

는 '생태시'의 '참여문학'적 성격을 부각시켰다고 볼 수 있다.

2. 독일 '생태시'에 대한 수용의 의의와 한계
- 이동승 교수의 논문 「독일의 생태시」에 대한 비평을 중심으로

1990년 ≪외국문학≫ 겨울호에 발표된 이동승 교수의 논문 「독일의 생태시」는 독일어권 지역에서 이른바 '생태시(Ökolyrik)'라는 장르가 출현할 수밖에 없었던 시대적 배경과 사회적 요인들을 고찰하였다.[6] '문학은 사회의 거울'이라는 말이 있듯이 '생태시'는 독일 사회의 변화과정을 반영하는

---

6) 이동승, 「독일의 생태시」, 『외국문학』, 1990 겨울.

시대의 거울과 같다는 것을 느끼게 해주었다. 이동승 교수의 논문 「독일의 생태시」는 환경과 문학 간의 관계에 대한 한국 문인들의 관심을 증폭시킬 뿐만 아니라 실제적으로 '생태시' 창작에 적지 않은 자극을 주었다. 또한, '생태시'에 대한 비평적 담론이 일어나는 데 기폭제가 되었음을 부인할 수 없다. 그러나 「독일의 생태시」는 '생태시'의 발생 배경에 관해서는 구체적으로 언급하면서도 '생태시'의 테마와 언술방식에 관해서는 분석과 비평이 결여되어 있었다. 따라서 이동승 교수의 논문은 '생태시'에 대한 소개문으로서는 훌륭하지만 생태시론(生態詩論)으로서는 취약성을 면하지 못하였다. 그의 논문에서 '생태시'의 교술적 성격을 강조하고는 있지만, 1950년대 이후 약 30년 동안 다양한 유형으로 전개되어 왔던 '생태시'의 테마들에 관해 분석하지 못한 것은 시론(詩論)의 기반을 취약하게 만든 원인이 되었다. 이러한 한계는 마이어-타쉬가 편찬한 생태사화집 『직선들의 폭풍우 속에서. 독일의 생태시 1950-1980』를 소개하는 작업에서도 여실히 드러나고 있다. 이미 언급한 것처럼 이 사화집에는 1950년대 이후 독일어권 지역에서 발표된 '생태시'들이 제1장에서 8장까지 분류되어 있다. 테마의 성격에 따라 분류하였기 때문에 '생태시'의 다양한 유형들을 한 눈에 파악할 수 있다. 사회적 모순, 정치적 부조리, 물신주의(物神主義), 과학기술만능주의(科學技術萬能主義), 성장제일주의(成長第一主義) 등에 대한 시인들의 사실적 인식과 구체적 비판이 '생태시'의 다양한 테마들을 낳았다. 따라서 생태사화집 『직선들의 폭풍우 속에서』의 제1장에서 8장까지 각 장(章)별로 테마의 성격과 특징을 분석해야만 비로소 '생태시'의 문학적 함의(含意)를 규명할 수 있을 뿐만 아니라 '생태시'라는 장르에 대한 인식의 지평을 넓힐 수 있다. 그러나 이동승 교수의 논문 「독일의 생태시」는 '생태시'가 갖고 있는 다양한 주제의식과 폭넓은 문학적 함의(含意)를 분석하지 못하였다. 발생 배경에 관해서만 구체적으로 서술하였을 뿐, 생태사화집에 수록된

206편의 시들 중 9편만을 간략히 해설하는 데 그치고 말았다. 이것이 원인이 되어 한국의 작가들, 비평가들, 학자들은 독일의 '생태시'를 문학적 함의(含意)가 매우 협소한 장르로 인식하게 되었다. 독일어권 지역에서 발생한 '생태시'의 다양한 테마와 언술방식들에 대해 파악할 수 있는 여지가 없었던 것이다.

특히, '생태시'가 반전 반핵 운동, 환경보호운동 등의 사회운동에 정신적 영향력을 미칠 수 있는 '참여문학'임을 전제한다면, 이동승 교수가 '생태시'의 테마와 언술방식 간의 관계에 대해 분석하지 못한 것은 가장 큰 결점으로 남는다. 이러한 한계를 보완하기 위해 필자는 1998년 4월에 『직선들의 폭풍우 속에서. 독일의 생태시 1950 - 1980』의 번역본을 국내에선 처음으로 출간한 바 있다. 생태시 206편 중 대표시 50여편을 번역하고 구체적 주해(註解)와 시론(詩論)을 통해 '생태시'의 다양한 테마들에 관해 논하였다.[7] 또한, 개별적인 테마와 언술방식 간의 상관성을 분석하는 데 중점을 두었다. ① '생태시'에서 드러나는 사회비판적 메시지들은 어떤 언술방식들에 의해 독자에게 전달되고 있는가? ② 시인들이 사용하고 있는 실험적 언술방식이 '생태시'의 메시지를 파급시키려는 사회적 효과를 얼마나 충족시켜 주는가? 필자는 이 두 가지 관점에 천착하여 '생태시'의 테마와 언술방식 간의 상관성을 분석하는 데 주력하였다. 이 작업은 '생태시'의 성격을 밝히는 데 있어서 필수적인 작업이라고 해도 과언이 아닐 것이다. 사회적 원인들을 비판하고 개혁하려는 시인들의 저항의식의 강도(强度)를 측정할 뿐만 아니라 '생태시'와 사회운동 간의 연계 가능성을 진단하기 위한 전제조건으로서 반드시 필요한 작업이다. 이러한 판단하에 필자는 생태사화집 『직선들의 폭풍우 속에서. 독일의 생태시 1950 - 1980』에 수록된 50여편의 '생태시'를 개별적으로 상세히 분석하고 시의 테마와 언술방식 간의 상관성을

7) 송용구, 『직선들의 폭풍우 속에서. 독일의 생태시 1950 - 1980』, 시문학사, 1998.

이전보다 더욱 구체적으로 분석하여 2003년 6월에 생태시론집(生態詩論集)『녹색의 저항. 독일의 생태시』[8]를 출간한 바 있었다.

이동승 교수의 논문「독일의 생태시」의 영향하에 국내 문단에서는 환경오염과 생태계 파괴의 현상을 고발하는 시들을 '생태시'로 규정하게 되었다. 때로는 '생태시'를 '환경시'라는 이름으로 대체하는 비평가들도 상당수였다. 그러나 이 논문에 의해 독일의 '생태시'가 고발, 비판, 계몽에 치우쳐 있는 단순한 시의 유형으로 소개되어 국내 학자들과 비평가들은 '생태시'를 예술성과 서정성이 결여된 프로파간다(선언문)의 유형으로 파악하기에 이르렀다. '생태

2003년 '들꽃' 출판사에서 간행된『녹색의 저항. 독일의 생태시』

시'가 독자의 비판의식을 선동하는 선언문처럼 부각된 까닭에 국내 학자들과 비평가들은 '생태시'에 내포된 '생태주의'적 세계관과 상생(相生)의 의식을 감지할 수 없었다. 이동승 교수의 논문에서 소개된 생태시들의 언술방식이 대부분 환경오염 사건을 재생하고 고발하는 데 치우쳐 있어 국내의 비평가들은 '생태시'의 정신적 에너지와 다름없는 자연친화의 욕구, 생명을 향한 보편적 사랑, 생태학적 대안사회에 대한 전망 등을 읽어낼 수 없었다. 따라서 이러한 정신적 에너지가 무엇인지를 밝혀낼 때에 '생태시'의 문학적 함의(含意)는 더욱 확장될 것이다.

---

8) 송용구,『녹색의 저항. 독일의 생태시』, 들꽃, 2003.

3. '생태시'와 '자연시', 어떻게 다른가?

'생태시'에서 묘사된 생명파괴의 현상은 정치, 사회, 문화에 대한 현대인들의 의식구조와 밀접한 연관을 맺고 있다. '생태시'는 자연 및 생태계가 파괴되어가는 실상을 인식하는 단계에서부터 출발하는 문학이다. 그러나 이 단계로부터 더 나아가 생태계 파괴를 불러일으키는 원인들을 고발함으로써 독자의 비판의식을 일깨우려는 목적성을 지향한다.9) 마이어─타쉬 교수의 논문 「생태시는 정치적 문화의 기록물」에 따르면, '생태시'는 사실적 언어로써 환경파괴의 실태를 재생하여 자연의 질적 변화를 독자에게 인식시키는 시이며, 자연을 병들게 하는 사회적 원인들에 대해 독자의 비판의식을 유발하는 시이다. 자연의 타락은 자본주의의 메커니즘이 낳은 급격한 사회 변화에 기인한다는 것이 '생태시'의 현실인식이다.10) 이러한 견해를 근거로 삼을 때, '생태시'의 성격은 다음과 같이 네 가지로 집약할 수 있다.

첫째, '생태시'는 자연과 인간의 생명이 파괴되어가는 상황을 사실적으로 묘사하는 시이다.

둘째, '생태시'는 사회의 모순과 부조리로부터 생명파괴의 원인을 찾아내고 규명하는 시이다.

셋째, '생태시'는 환경오염의 원인들을 비판하면서 그 원인들에 대한 개혁과 극복을 호소하는 시이다.

넷째, '생태시'는 현실극복의 과정을 통하여 인간과 자연의 상생이 이루어지는 대안사회를 모색하는 시이다.11)

---

9) 송용구, 『생태시와 저항의식』, 다운샘, 서울 2001, 24─25쪽.
10) Vgl. Peter Cornelius Mayer─Tasch, a.a.O., S. 9.
11) 송용구, 『느림과 기다림의 시학─현대 생태시론』, 새미, 2006, 102쪽.

'생태시'는 파괴된 자연환경의 실상을 사실적으로 재생하는 데만 중점을 두는 시가 아니다. '생태시'는 자연의 생명력과 생태계의 자정능력을 객관적으로 진단함으로써 인간과 자연 간의 관계가 어떻게 변화되었는가를 사실적으로 인식하는 시이며, 생태계 파괴의 원인들을 비판적으로 성찰함으로써 인간과 자연 간의 상생(相生)의 출구를 모색하는 현실참여의 문학이다.[12] '자연'이라는 거울을 통해 현실을 비추어보고, 언어의 청진기로써 사회의 병리현상들을 진단하며, 정치 및 사회의 부조리로부터 환경파괴의 원인들을 추적해나가는 시인들의 현실인식이 '생태시'의 토대를 이룬다.

발터 겝하르트(Walter Gebhard)는 '생태시'를 전통적 '자연시(Naturlyrik)'의 내부에서 테마의 변화를 일으킨 '자연시'의 변종(變種)으로 간주하였다. 그는 '자연시'의 전통적 자연관(自然觀)과 '생태시'의 현실적 자연관을 비교하여 고찰한 바 있다.[13] 자연을 문학의 소재로 채택한다는 점, 그리고 인간과 자연 간의 관계로부터 문학의 테마를 형성한다는 점에서는 '생태시'도 기존의 전통적 '자연시'를 계승한다고 볼 수 있다. 그러나 '생태시'는 '자연시'와 공유점을 가지면서도 "자연"을 바라보는 관점과 시각에 있어서 '자연시'와는 다른 성격을 갖는다. 현실적 시각으로 자연의 실상을 인식하여 인간과 자연 간의 관계를 비판적으로 성찰하고 '자연시'의 낭만주의적 관념을 부정한다는 점에서 '생태시'는 비판적 '자연시'이자 리얼리즘적 '자연시'라고 부를 수 있다.[14]

18세기 후반에 '질풍노도(Sturm und Drang)' 문학과 낭만주의 문학에서부터 본격적으로 모습을 드러냈던 '자연시'는 20세기 중반까지 독일 시단

---

12) Vgl. Dieter Schlesak, *Wort als Widerstand. Paul Celans Herkunft —Schlüssel zu seinem Gedicht*, in: *Literatur —Magazin* Nr. 10/1979, S. 79.
13) Vgl. Walter Gebhard, *Naturlyrik. Von Loerke zur Ökolyrik*, in: *neun Kapitel Lyrik*, hrsg. v. Gehard Köpf, München Wien Zürich 1984, S. 71—72.
14) 송용구, 『현대시와 생태주의』, 새미, 서울 2002, 21—22쪽.

(詩壇)에서 중심적 위치를 차지하였다. 특히, 20세기 중반에 활동했던 오스카 리르케(Oskar Loerke), 빌헬름 레만(Wilhelm Lehmann), 요하네스 보브롭스키(Johannes Bobrowski) 등 이른바 '마술적 자연시파自然詩派(die naturmagische Schule)'의 시인들은 독일 '자연시'의 전통을 계승하여 성숙시킨 대표적 자연시인들이다. 그들의 시 속에서 자연은 시적 자아(詩的 自我)와 조화롭게 어울리며 순수한 아름다움을 간직하고 있다. 이미 아름다움을 잃어버린 자연일지라도 그들의 언어에 포착되면 시간의 흐름을 초월한 아름다움의 정수(精髓)로 탈바꿈하였다. 그들은 유년시절의 기억 속에 묻혀있던 동식물을 주술적 언어를 통해 호명하고 불러냄으로써 과거의 사물들을 시간의 한계로부터 해방시켰다. 시대의 흐름과 사회의 변화로부터 결코 자유로울 수 없는 강물, 숲, 나무들이 꿈의 세계 속으로 들어와서 초월적 자연으로 변용(變容)되었다. 자연풍경을 시간의 흐름이 멈추어버린 판타지아의 공간으로 변용(變容)시키는 것이 '자연시'의 전통적 경향이라고 한다면, 이러한 경향은 동시대의 현실로부터 자연을 분리시켜 바라보는 오류를 낳았다. '마술적 자연시파'의 작품 속에서 펼쳐지는 자연과 인간의 조화로운 세계상은 동시대의 현실로부터 동떨어진 과거의 그림자로 멀어져가고 있었다.

　다그마르 닉(Dagmar Nick), 한스 카스퍼(Hans Kasper) 등, '생태시'의 서막을 열었던 시인들은 낭만주의적 '자연시'의 전통을 극복하였다. 그들은 독자들의 시각을 충격적인 생태파괴의 현장으로 돌려놓았다. 그들은 '자연시'의 전통에 익숙해져 있던 독자들의 낙관적 자연관을 현실적 자연관으로 전환시켰다. 자연관의 변화와 더불어 '생태시'의 렌즈에 포착된 "자연"은 더 이상 아름다움의 정수(精髓)가 아니라 기형의 불구자로 전락해가고 있었다. "자연"은 평안과 안식을 안겨주는 모태(母胎)가 아니라 인간의 불안과 탄식을 자아내는 근심의 근원으로 변해가고 있음이 '생태시'에서 확인되었다. 1950년대 이후 독일어권 지역의 시인들은 자연의 생명력과 생태계의 자정능력을 더 이상 신뢰할 수 없었다. 한스 카스퍼가 1955년 그의 시 「프랑크푸르트」에서 묘사한 것처럼 "기름을 머금은 마인 江에서 수만 마리 물고기가 은빛 시체더미로" 둥둥 떠다니는 현실은 시인들의 자연관을 변화시키기에 충분하였다.

프랑크푸르트. 기름을 머금은 마인江에서
수만 마리 물고기가 숨이 막혀 죽고 말았어.
시민들로서는
놀랄만한 이유가
전혀 없는 거야.
흐르는
물결이 너그럽기 때문이지.
물결은
삽시간에
강기슭을 지나
파리떼 들끓는
은빛 시체 더미를
몰고 가버린다구.
시체 썩는 냄새가
무감각한 우리의 코를 찌르기도 전에,
바람이 먼저
악취를 휩쓸고 가버리니,
모든 것은
기막히게 제 자리를 찾는다구.

FRANKFURT. Zehntausend Fische erstickten

im öligen Main.

Kein

Grund für die Bürger der Stadt

zu erschrecken.

Die

Strömung ist günstig,

sie treibt

das

Heer der silbernen Leichen,

der Fliegengeschmückten,

rasch

an den Quais vorbei.

Der Wind

verweht den Geruch,

ehe er unsere verletzlichen Sinne

erreicht.

Alles

ist auf das beste geordnet.[15]

― 한스 카스퍼[16]의 연작시 「뉴스」 중, 「프랑크푸르트/Frankfurt」[17] 전문

---

15) Hans Kasper, *Frankfurt*, in: *Im Gewitter der Geraden. Deutsche Ökolyrik 1950—1980*, hrsg. v. P. C. Mayer—Tasch, München 1981, S. 32.

16) 한스 카스퍼(Hans Kasper): 1916년 베를린에서 출생하여 1990년 프랑크푸르트에서 작고하였다. 본명은 디트리히 후버(Dietrich Huber)이다. 특히, 방송극 작가로서 명성을 얻었다. 방송극 외에도 시, 아포리즘(잠언), 에세이 등 다양한 장르의 작품을 발표하였다. 독일의 대표적 신문 『프랑크푸르트 알게마니에 차이퉁』에 오랜 기간 동안 아포리즘(잠언)을 연재하였다. 주요 시집으로는 『뉴스와 기사』(1957), 『내면여행』(1965), 『인간에 대한 보고』(1978) 등이 있다.

1955년 한스 카스퍼는 시의 첫 행에 검정색 대문자로써 도시명을 표기한 매우 이색적인 시편을 발표하였다. 「뉴스/Nachricht」라는 제목으로 발표된 그의 연작시편은 '대도시'라는 문명의 공간 속에서 발생하는 환경파괴의 실태를 실증함으로써 생생한 현장감을 재생해주었다. 「뉴스」라는 제목에서도 암시하듯이, 시적 화자(詩的 話者)는 르포(보도문)의 언술방식으로 대도시의 환경오염 실태를 고발하고 있다. 대도시 '프랑크푸르트'는 환경파괴의 진원지로서 인간과 자연 간의 상생(相生)이 교란되고 있는 현장이었다. 한스 카스퍼의 시에서 드러나는 것처럼 인간에게 생명의 에너지를 공급해주었던 '강물'은 인간의 죽음을 증식하는 보복자로 변하고 말았다. "자연"의 모습과 상태가 달라짐에 따라 '자연시'의 테마도 변화할 수밖에 없었다. 인간과 자연 간의 조화를 문학의 테마로 더 이상 고수할 수 없는 현실적 상황에 직면한 것이다.

서독의 여류 시인 다그마르 닉(Dagmar Nick)은 생태계 파괴로 인하여 인류가 멸망할 수도 있음을 경고하는 묵시록적(黙示錄的) 시편을 발표하였다. 「우리는」(1954), 「묵시록」(1954)을 비롯한 그의 작품들은 독일의 문단에서 '생태시'의 서막을 열었다. "기술문명의 발전이 곧 역사의 발전"이라고 철썩같이 믿었던 서구인들의 진보사관(進步史觀)이 그의 생태시 속에서 비판을 받고 있다. 다그마르 닉은 현대인들의 "물신주의"와 "과학기술만능주의"를 환경파괴의 원인으로 지목하고 있다. 더욱이, 인간의 물욕(物慾)이 과도하게 팽창하여 과학기술을 남용하게 될 경우에 자연의 생명력을 착취하는 결과를 낳음으로써 생태계 파괴는 물론이요, 인류의 멸망까지도 초래할 수 있음을 경고하고 있다.

---

17) 시 「프랑크푸르트/Frankfurt」는 한스 카스퍼의 연작시 「뉴스/Nachricht」 중 한 편으로서 1957년 그의 시집 『뉴스와 기사』에 처음 수록된 후, 1981년 뮌헨의 베크 출판사가 간행한 생태사화집 『직선들의 폭풍우 속에서. 독일의 생태시 1950-1980』 제2장 '세 가지 원소 물·공기·흙』 편에 재수록 되었다.

다그마르 닉(1926 – 생존)

우리에겐 두려움이 없다. 우리가 믿는 것은
로봇의 두뇌와 그 위력.
죽어 가는 지구의
마지막 밤을 향해 우리는 소경처럼 걸어간다.

모든 생명은 우리 손아귀에 있다.
우리에겐 말이 필요 없다.
목표에 따라 움직이면 되는 것. 우리의 이성은
실험관 속에서 죽음을 배양한다.

우리는 원자(原子) 알갱이들을 굴리며 논다.
암(癌)도, 페스트와 결핵도

우리는 더 이상 두렵지 않다.

Wir haben Mut. Wir glauben an die Macht

des Robotergehirnes.

Wir gehen blindlings in die letzte Nacht

des sterbenden Gestirnes.

Wir haben alles Leben in der Hand.

Wir machen keine Worte.

Die Fommel stimmt. Es züchtet der Verstand

den Tod in der Retorte.

Wir spielen mit zerschmetterten Atomen

und fürchten uns nicht mehr Karzinomen,

vor Pest und Tbc.[18]

- 다그마르 닉[19]의 「우리는/wir」[20] 중에서

시의 화자인 '우리'는 누구인가? '우리'는 과학기술의 힘을 맹신(盲信)하

---

18) Dagmar Nick, *Wir*, in: *Im Gewitter der Geraden. Deutsche Ökolyrik* 1950-1980, hrsg. v. P. C. Mayer-Tasch, München 1981, S. 230.

19) 다그마르 닉(Dagmar Nick): 1926년 독일의 브레스라우 출생하여 1933년 베를린으로 이주하였다. 유년 시절부터 빈번하게 거주지를 옮겨다녔고, 이스라엘에서 수년 간 거주하기도 했다. 현재는 뮌헨에서 창작활동을 하고 있다. 시, 방송극, 에세이 등 다양한 장르의 작품들을 남겼는데, 주요 시집으로는 『순교자』(1947), 『증명과 증거』(1969), 『소실선(消失線)』(1978) 등이 있다. 그녀는 잉에보르크 바흐만, 로제 아우스랜더, 힐데 도민과 함께 1945년 이후 독일어권 문단의 가장 중요한 여류 시인으로 평가받고 있다.

20) 「우리는/ Wir」: 1954년에 발표된 시. 1981년 생태사화집 『직선들의 폭풍우 속에서. 독일의 생태시 1950-1980』 제7장 '묵시록' 편에 수록되었다.

고 있는 현대인들이다. '우리'는 과학기술의 힘을 통하여 무한대의 풍요와 윤택을 누릴 수 있다고 확신한다. '우리'가 믿고 있는 '로봇의 두뇌와 그 위력'이 '우리 손아귀'에 '모든 생명'을 쥐어줄 것이기 때문에 '우리'는 자연의 '모든 생명'과 인간의 '모든' 유전자까지도 조작하여 '우리'의 물질적 이익으로 치환할 수 있음을 선포하고 있다. 과학기술과 물질이 신이 되어 '우리'에게 바닥이 보이지 않는 쾌락을 보장해 줄 것임을 의심하지 않는 까닭에 '우리에겐 두려움이 없는' 것이다. 전지전능한 물질과 과학기술에게 '우리'의 미래를 전폭적으로 의탁하였으니 무엇이 두렵겠는가? '우리'는 오직 과학기술의 명령에 복종하여 물신(物神)의 "바벨탑"이라는 최고의 '목표'를 향해 전진하기만 할 뿐이다. 화자인 '우리'의 뒤편에 숨어 있는 존재가 있다. 그는 바로 시인이다. 시인은 보이지 않는 곳에서 화자인 '우리'를 비판하고 있다. 그는 과학기술과 물질을 향한 '우리'의 맹목적인 믿음을 '소경'에 비유하고 있다. 물질적 쾌락을 향해 '소경처럼 걸어가'고 있는 '우리'에게 '지구의 마지막 밤'이 임박하였음을 경고하면서 '우리'를 비롯한 '모든 생명'의 파멸을 막아내야 함을 암시하고 있다. '우리'의 물질적 욕망을 채우기 위하여 자연의 '모든 생명'을 '손아귀'에 쥐고 도구처럼 이용해 나간다면, '우리'에게 남겨질 재산은 '지구의 마지막 밤'과 '죽음'뿐이라는 것이다. '우리'의 물질적 이익을 얻기 위하여 과학기술의 '실험관' 속에서 '모든 생명'을 인위적으로 조작하고 복제함으로써 "생명"의 존엄성을 파괴한다면, '우리'가 맹신하였던 '실험관' 속에서 '죽음'을 '배양'하는 참혹한 결과를 맞이할 것임을 시인은 예견하고 있다. 그 '죽음'은 누구의 것인가? 인간과 자연이 함께 맞이해야 할 '모든 생명'의 멸종이 아닐까? '암(癌)도, 페스트와 결핵도 더 이상 두렵지 않을' 정도로 '로봇(과학기술)의 두뇌와 그 위력'을 맹목적으로 신뢰했던 결과는 오히려 인간에게 '죽음'의 부메랑이 되어 돌아올 것임을 시인은 '우리'에게 경고하고 있다.

다그마르 닉의 '생태시'는 '자연시'의 낭만주의적 자연관을 깨뜨리고 있다는 점에서 문학적 의의를 갖는다. 물신주의와 과학기술만능주의가 복합적으로 작용하여 생태계를 파괴하는 원인이 되고 있음을 보여줌으로써 새로운 '자연시'의 모델을 제시하였다. 다그마르 닉의 시에서 자연의 '생명'은 더 이상 찬가(讚歌)의 대상이 될 수 없었다. 자연은 인간의 '손아귀'에 붙들린 채, '실험관 속에서 배양된 죽음'을 끌어안고 인간과 함께 '지구의 마지막 밤'을 향해 몰락해가고 있었다.[21] 낭만주의적 문학관을 바탕으로 인간과 자연 간의 조화를 무조건적으로 예찬하는 행위는 시대착오적 발상에 지나지 않았다. 1950년대 서부 독일은 제2차 세계 대전으로 인한 폐허를 극복하고 국가의 재건을 도모하면서 산업발전에 주력하였다. 발전이 가속화될수록 생태계의 파괴 또한 가속을 얻었다. 그러나 정부 당국의 주도하에 국민들은 경제적 이윤 추구에만 매진했던 까닭에 생태계가 타락해가는 현실을 돌아볼 여유가 없었다.[22] 산업발전의 급진적 속도는 자연의 생식능력과 자정능력에 심각한 타격을 가하였고, 인간의 생명을 위협하기 시작하였다. 1950년대 독일의 시대상황으로 미루어볼 때, '자연시'의 성격이 변화하는 것은 필연적인 결과였다. 시인들은 시적 주체(詩的 主體) 안에 고립되는 것을 거부하면서 스스로를 공동체의 일원이자 "자연"의 일부분으로 인식하였다. 시인들은 자신들의 주관적 관념 속에 가두어놓았던 자연을 해방시키고 자연과 동등한 수평관계를 회복한 후에 사회적 현실과 연계시켜 자연을 새롭게 성찰하였다. 낭만주의적 자연관이 사실주의적 자연관으로 변해가는 과정을 통해 기존의 '자연시'도 '생태시'로 자연스럽게 이행(移行)하였다.

---

21) 송용구, 『현대시와 생태주의』, 새미, 서울 2002, 73쪽.
22) 송용구, 「독일 생태시의 흐름과 변화」, 『녹색의 저항. 독일의 생태시』, 들꽃, 서울 2003, 161 쪽.

4. '생태시'의 언술방식과 저항의식

'생태시'에서 나타나는 다양한 주제의식은 시인들의 비판적 자연관을 토대로 형성되었다. 그러므로 '생태시'는 사회와 자연을 통합적으로 바라보는 시인들의 현실인식을 반영해준다. 인간과 자연 간의 관계를 "생명의 존속"이라는 현실적 관점에서 성찰하게 된 것이다. '생태시'의 테마가 '자연시'의 테마와 뚜렷이 구분되는 특징은 무엇일까? 그것은 '망가진 자연'의 실상이 인간사회의 부조리와 어떻게 관련되어 있는지를 독자에게 알려주고자 한다는 점이다. 이러한 교육적 의도를 실현하기 위해 필요했던 것은 시어(詩語)의 변화였다.[23]

집 가까이에 있는
민둥산, 자갈 무더기, 움푹 패인 곳을 보면
내겐 떠오르는 것이 있다
전혀 새롭지 않은 자연, 망가진 자연이.[24]

in der Nähe des Hauses,
der Kahlschlag, Kieselhügel, Krater
erinnern mich daran—
nichts Neues; kaputte Natur,[25]

－ 위르겐 베커[26]의 「자연은 시/ Natur－Gedicht」[27] 중에서

23) 송용구, 「생명과 사회－독일의 생태시에 관한 시론」, 『녹색의 저항. 독일의 생태시』, 들꽃, 서울 2003, 145쪽.
24) 송용구, 『직선들의 폭풍우 속에서. 독일의 생태시 1950－1980』, 시문학사, 서울 1998, 60쪽.
25) Jürgen Becker, Natur－Gedicht, in: Im Gewitter der Geraden. Deutsche Ökolyrik 1950－1980, hrsg. v. P. C. Mayer－Tasch, München 1981, S. 54.
26) 위르겐 베커(Jürgen Becker): 1932년 독일의 쾰른 출생. 누보로망의 작가로 알려져 있을 만큼

위르겐 베커의 눈에 비친 '자연'은 그의 말처럼 철저히 '망가진' 풍경이다. 그러나 이 풍경은 시인에게 낯설지 않다. 그는 '망가진 자연'에 익숙해져 있다. 자연 풍경 속에 감정을 이입하는 것이 불가능하고, 미학적 언어로써 자연의 모습을 변용(變容)시키는 것이 무의미해진다. 베커는 '자연시'에서 견고하게 지켜왔던 시적 주체(詩的 主體)를 허물고 스스로 공동체의 일원임을 드러낸다. 낭만주의 문학의 전통을 계승하던 자연시인들은 공동체의 현실로부터 등을 돌려 '자연' 속으로 돌아가서 '자연'을 개인의 은신처 혹은 도피처로 삼곤 했었다. 이때, 시인의 내면세계 속에서 '자연'과 사회는 이분법적으로 분리되고 시인은 '자연'이라는 "피안(彼岸)"에 유폐되고 말았다. 그러나 베커의 「자연은 시」라는 제목에서 드러나는 것처럼 '자연'과 '시'는 동격(同格)이 될 수밖에 없는 현실상황에 직면하였다. '시'는 파괴된 '자연'의 대변자 역할을 할 뿐만 아니라 '자연'과 동등한 등가물(等價物)이 되어 자연의 피해상황을 자신의 몸으로 고백하는 역할을 맡게 되었다. '민둥산', '자갈 무더기', '움푹 패인 곳'에서 알 수 있듯이 '망가진 자연'의 잔해들이 죽은 사람의 내장처럼 시인의 거주지를 잠식하였기 때문이다. 이러한 현실을 목격한 시인이라면 시적 주체(詩的 主體) 혹은 시적 자아(詩的 自我)를 해체할 수밖에 없다. 절대적 상상과 예술적 언어로써 '자연'의 모습을 '변용'시키는 것은 관념의 유희에 지나지 않는다. '자연'을 낭만적 피안(彼岸)으로 삼아 사회의 부조리로부터 개인의 시적 주체를 방어하려고만 하는 것은 '데카당스'의 잔재일 뿐이다. 시인은 공동체의 일원으로서 동시대의 사회를 향해 객관적 증언만을 들려주게 되었고, '시'는 곧

다수의 소설을 발표한 바 있다. 1967년에 '47그룹' 문학상을, 1995년에 '하인리히 뵐' 문학상을 수상하였다. 주요 시집으로는 『눈(雪)』(1971), 『풍경화의 끝』(1974), 『전쟁 얘기는 꺼내지도 마오』(1977), 『시집 1965－1980』(1981), 『시집』(1995) 등이 있다.

27) 「자연은 詩/ Natur－Gedicht」: 1971년에 발표된 시. 1974년 위르겐 베커의 시집 『풍경화의 끝』에 처음 수록된 후, 1981년 뮌헨의 베크 출판사가 간행한 생태사화집 『직선들의 폭풍우 속에서. 독일의 생태시 1950－1980』 제3부 '아름다운 신세계' 편에 재수록 되었다.

'자연'의 몸과 일체가 되어 생명이 무너져가고 있는 현실상황을 증명하게 되었다.

위르겐 베커(1932 - 생존)

이 빗줄기는 그치지 않는군. 잔디가 쑥쑥
자라난다고 한다면(잔디를 모욕하는 말이 되겠지)
─ 아니야, 잔디는 쑥쑥 자라지 않아
  암 아니구 말구. 부정할 수 없는 것은
숲 속 바로 모퉁이에 있는
전기톱, 파이프라인이야.
그러면 비. 잔디. 숲.
아름다운 낱말들
아름다운 풍경을 이루는 것들은
─ 아니야, 이젠 부정할 수 있는 거라구.[28]

---

28) 송용구, 『직선들의 폭풍우 속에서. 독일의 생태시 1950─1980』, 시문학사, 서울 1998, 61쪽.

dieser Regen hört nicht auf: ungestört(schimpfe

ich) schießt der Rasen

— nein, der Rasen schießt nicht

Dementi. Unwiderlegbar:

Motorsägen, Pipeline,

gleich um die Ecke im Wald.

Regen. Rasen. Wald.

Schöne Wörter für schöne Aussicht

— nein, widerlegbar.[29]

— 위르겐 베커의 「개인영역/Privatbereich」[30]

'자연시' 속에서 자연의 아름다움을 대변해왔던 '비', '잔디', '숲'과 같은
낱말들은 '생태시'에서 마땅히 '부정할 수 있는' 대상이 되었다. '잔디가 쑥
쑥 자라지 않을' 정도로 '자연'은 생명력을 잃어가고 있기 때문이다. 더 이
상 '자연'에 대한 낙관론을 주장할 수 없는 오늘의 시대에 시인과 독자들이
부정해서는 안 될 낱말들은 '전기톱', '파이프라인' 같은 것들이다. 이들은
자연환경의 파괴를 가속화하여 생태계에 중대한 영향을 미치기 때문이다.
자연의 아름다움을 드높여주던 '자연시'의 언어는 이제 '자연'의 피해상황을
고발하는 목격자의 언어로 대체되었다. '자연시'는 테마에서뿐만 아니라 언
술방식에 있어서도 딜레마에 빠지게 되었다. 기술문명(技術文明)의 급격한
발전이 불러일으킨 사회의 변화 양상을 고려하지 않고 자연의 아름다움을

---

29) Jürgen Becker, *Privatbereich*, in: *Im Gewitter der Geraden. Deutsche Ökolyrik 1950—1980*, hrsg.
v. P. C. Mayer—Tasch, München 1981, S. 55.
30) 「개인영역」: 1974년 위르겐 베커의 시집 『풍경화의 끝』에 처음 수록된 후, 1981년 뮌헨의 베
크 출판사가 간행한 생태사화집 『직선들의 폭풍우 속에서. 독일의 생태시 1950—1980』 제3
장 '아름다운 신세계' 편에 재수록 되었다.

낙관적으로 묘사하는 전통적 언술방식을 고수한다면, '자연시'는 공동체의 현실을 은폐하고 사회의 부조리를 호도하는 결과를 가져올 수 있기 때문이다. 생태시인들이 '아름다운 풍경'을 보증해주는 낱말들의 사용을 '부정'하는 이유가 바로 여기에 있다. 현대인들의 거주지에서 나타나는 반자연성(反自然性)이 시인에게 인식되는 순간부터 자연의 아름다움과 평화를 상징하는 메타포(은유)는 '부정'될 수밖에 없는 것이다. 그러나 '생태시'에서 자연의 아름다움을 노래하는 것을 의도적으로 배제하고 있는 것은 아니다. 생태시인들이 '망가진 자연'의 실상을 사실적으로 묘사하는 것은 자연의 아름다움과 생명력을 회복하고자 하는 소망을 반어적으로 표출한 것으로 볼 수 있다.

'청년독일파'의 기수로서 독일의 전제군주제를 혁파하기 위해 문학을 혁명의 무기로 삼았던 하인리히 하이네(Heinrich Heine)는 '갠지스 강변'의 '야자수 나무 밑에서' 애인과 함께 '사랑과 안식을 마시며 언제까지나 축복의 꿈을 꾸고'31) 싶어 했다. 나무의 초록빛 그늘 아래서 강물의 속삭임을 들으며 새들의 날개 위에 노래 한 자락을 실어 보내고 싶은 것은 모든 시인들의 본능적 욕구일 것이다. 자연과 인간의 조화 속에서 피어나는 녹색의 생명력을 서정적 언어로써 예찬하는 것은 시인에게 부여된 천복(天福)이자 개인적 권리가 아닐까? 그러나 하이네가 생존했었던 19세기 전반의 독일 사회는 전제군주체제 하에서 "자연친화"의 욕구조차도 마음껏 해소할 수 없었던 "정치적 암흑기"에 갇혀 있었다. 개인의 자유를 억압당하는 사회구조 속에서 자연의 아름다움을 노래하는 것은 가능한 일인가? 시민들은 군주로부터 정치적 자유를 박탈당하고 노동자들은 자본가로부터 경제적 기반을 착취당하던 독일의 저열한 정치상황 속에서 시인이 초록빛 '나무 밑

---

31) Heinrich Heine, *Auf Flügeln des Gesanges*, in: Heinrich Heine · Werke, Bd.1, I , hrsg. von Paul Stapf, R. Löwit · Wiesbaden, S. 136-137.

에 앉아 사랑과 안식을 마시며' 평화로운 서정시를 쓴다는 것은 어려운 일이다. '서정시'를 마음 편하게 쓸 수 있는 시대를 맞이하기 위해서는 개인의 자유와 권리를 억압하는 정치체제와 사회구조를 개혁하는 것이 필수적이다. '낡은 독일'32)을 향해 '저주'33)의 독설을 퍼부었던 하인리히 하이네! 그의 '저항시'는 자연의 아름다움을 막힘없이 노래할 수 있는 서정시의 시대를 쟁취하기 위한 현실극복의 노정(路程)이었다고 할 수 있다. '저항시'에서 추구하는 사회구조의 개혁이 서정시의 시대를 열기 위한 전제조건임을 인정한다면 '생태시'에 대한 이해는 한결 쉬워질 것이다. '생태시'가 '망가진 자연'의 참상을 사실적으로 고발하는 것은 "아름다운 자연"을 되찾으려는 열망의 반증으로 볼 수 있다. 자연의 아름다움과 생명력을 회복함으로써 인간과 자연 간의 상호의존(相互依存) 관계가 원활하게 이루어지는 '에코토피아'의 세계를 지상에 구현하려는 것이 '생태시'의 이상이다. 이러한 이상의 실현은 "자연"을 손상시키는 사회적 요인들을 개혁하려는 노력을 통해서만 가능해진다. 인간과 자연 간의 조화를 파괴함으로써 시인들로 하여금 "서정시 쓰기"를 불가능하게 만드는 기술시대(技術時代)의 메커니즘! 생태시인들은 물질만능주의와 맞물려있는 이 "기술시대"의 메커니즘에 맞서 싸우려는 항거의 노력을 통해서만 서정시의 시대를 회복할 수 있다고 믿는다.

---

32) Heinrich Heine, *Die Schlesischen Weber*, in: Heinrich Heine · Werke, Bd.1, Ⅱ, hrsg. von Paul Stapf, R. Löwit · Wiesbaden, S. 446.

33) Ebd., S. 445 – 446.

5. '생태시'의 저항의식과 사회운동 간의 상관성

엘케 외르트겐(1936 – 생존)

우리는 대지의 살점을 도려내고,
대지의 피부로부터 털을 깎듯이
숲을 베어냅니다.
더구나 구멍 숭숭한 상처 속에
아스팔트를 메꾸어 숨통을 틀어막지요.

어느새 우리는 대지의 주인이 되었습니다.
인정이라곤 털끝만큼도 없는 강도가 되어
밤낮 구별 없이
대지를 약탈하고 있습니다.
우리는 理性을 잃어버린 도굴꾼이었습니다.
물고기와 물새들이
기름에 덮여
목숨을 잃듯이,

오염된 물과 흙

독(毒)이 밴 바람을 마시며

大地 역시 절명할 수 있습니다.[34]

Wir schlagen ihr Löcher ins Fleisch,

rasieren von ihrer Haut

die Wälder,

und in die Wunden gießen wir

den alles erstickenden Asphalt.

Wir Herren der Erde,

Räuber mit Wegwerflaunen,

plündern sie aus

über und unter Tag,

Schatzgräber ohne Maß.

Mag sie verenden am Gift

zu Wasser, zu Lande

und in der Luft,

wie die Fische verenden

und Wasservögel

mit Öl im Gefieder.[35]

　　　　　　　　　　－ 엘케 외르트겐[36]의 「대지/ Erde」[37] 중에서

---

34) 송용구, 『직선들의 폭풍우 속에서. 독일의 생태시 1950-1980』, 시문학사, 서울 1998, 19-
20쪽.

35) Elke Oertgen, Erde, in: Im Gewitter der Geraden. Deutsche Ökolyrik 1950-1980, hrsg. v. P. C.
Mayer-Tasch, München 1981, S. 38.

독일의 여류 시인 엘케 외르트겐(Elke Örtgen)은 생태계 파괴로 얼룩진 인간의 역사를 비판하고 있다. 시인이 바라본 20세기 서구의 역사는 '대지'에 대한 끊임없는 착취와 '약탈'로 점철되어 왔다는 것이다. '대지'를 '절명'의 나락으로 떨어뜨리는 근본적 원인은 이성(理性)의 우월성을 앞세워 '대지'를 도구로 취급하는 "인간중심주의"요, 탐욕을 채우기 위해 '대지' 위에 살고 있는 생물들을 물건으로 취급하는 "물질만능주의"이다. 시인은 이러한 반자연적(反自然的), 반생명적(反生命的) 패러다임을 비판하면서 독자와 대중으로부터 "생명중심주의"적 패러다임을 일깨우고자 한다.

엘케 외르트겐의 시 「대지」에서 드러난 것처럼 생태시인들은 독자(수용자)의 자연관(自然觀)과 생명관(生命觀)을 변화시키려는 교육적 의도를 노출시켰다. 독자의 의식을 변화시키는 것은 시인과 독자 간의 연대의식을 형성하는 전제조건이 될 뿐만 아니라 공동의 비판의식과 개혁의지를 사회운동으로 승화시킬 수 있는 출발점이 된다. 이처럼 '생태시'는 독자와 대중을 계몽함으로써 사회의 변혁에 영향력을 미치려는 능동적인 참여의식을 표방하고 있다. 그러므로 '생태시'는 '정치시(政治詩)'의 한 갈래로서 규정될 수 있는 것이다. 독자의 의식을 각성시키는 '생태시'의 교육적 성격은 '생태시'의 현실비판적 성격과 밀접한 연관성을 갖는다. 발터 겝하르트가 생태시를 "항의문학"[38]이라고 명명한 것은 시에 나타난 현실비판적 성격이

---

36) 엘케 외르트겐(Elke Oertgen): 1936년 독일의 코블렌츠 출생. 현재는 두이스부르크에서 창작활동을 하고 있다. 자연의 기본적인 원소들인 물, 공기, 흙과 관련된 생태문제를 다양한 비유를 통해 고발하였다. 사실성과 미학을 조화시킴으로써 1970년대 독일 '생태시'의 문학적 수준을 격상시킨 시인이다. 대표적 시집으로 『수맥(水脈)을 찾는 무리』(1978), 『돌은 기억하고 있다』(1988) 등이 있다.

37) 「대지/Erde」: 1980년에 발표된 시. 1981년 뮌헨의 베크 출판사가 간행한 생태사화집 『직선들의 폭풍우 속에서. 독일의 생태시 1950-1980』 제2장 '세 가지 원소. 물·공기·흙' 편에 수록되었다.

38) Walter Gebhard, *Naturlyrik. Von Loerke zur Ökolyrik*, in: *neun Kapitel Lyrik*, hrsg. v. Gehard Köpf, München Wien Zürich 1984, S. 71.

매우 강하다는 것을 의미한다. '생태시'에서 자연과 생명을 파괴하는 메커니즘을 향해 비판의 독설을 쏟아 붓는 시적 화자(詩的 話者)는 단수가 아니라 복수이다. 시인과 다수의 독자인 것이다. 화자의 현실비판은 시인만의 단독 행위가 아니라 시인과 독자의 연대의식에 기반을 둔 공동의 저항 행위이다. 그러나 시인의 현실비판 행위에 독자가 연대적 동반자로서 참여하려면 먼저 자연과 생태계에 대해 갖고 있었던 독자의 고정관념이 깨져야만 한다. 자연을 인간의 도구이자 부속물로 취급하는 '인간중심주의'적 사고방식이 자연을 인간의 동반자로 격상시키는 '생명중심주의'적 사고방식으로 전환될 때 비로소 독자는 시인의 현실비판에 동참하여 연대적 저항 행위를 전개할 수 있다. 이 연대적 저항을 가능케 하기 위하여 시인은 독자가 갖고 있었던 '낭만주의'적인 자연관을 '현실주의'적인 자연관으로 변화시키고 독자의 '인간중심주의'적 패러다임을 '생명중심주의'적 패러다임으로 바꾸려고 한다. 독자의 패러다임이 변화되는 것을 출발점으로 삼아 시인과 독자는 생명을 위협하는 모든 파괴적 행위에 맞서 연대적 투쟁을 펼칠 수 있다. '생태시'의 메시지는 문학의 범주를 초월하여 사회운동의 차원으로 상승할 수 있는 가능성을 얻게 된다.

　　독일의 생태사화집 『직선들의 폭풍우 속에서』를 편찬했던 페터 코르넬리우스 마이어－타쉬(P. C. Mayer－Tasch)는 "생태시는 저항의 언어를 구체적으로 표현한다"[39]고 말한 바 있다. 마이어－타쉬가 언급한 "저항"은 '생태시'의 성격을 이해하는 열쇠가 된다. 이 '저항'은 인간과 자연 간의 관계를 단절시키는 모든 정치적 원인 및 사회적 원인에 대한 사실적 인식에서부터 생겨난다. 전쟁, 핵개발 및 핵실험, 서구의 패권주의, 정부의 개발 정책과 건설 사업, 정경유착, 인권 탄압, 생존권 착취, 자본주의 체제의 시장논리, 성장제일주의, 물질만능주의, 과학기술만능주의, 이성만능주의, 낙관적

---

39) P. C. Mayer－Tasch, a.a.O., S. 12.

진보사관(進步史觀), 인간중심주의…. 생태계 파괴를 불러 일으키는 이러한 사회적 병인(病因)들을 낱낱이 비판하면서 대중을 향해 총체적인 사회개혁을 호소하는 것이 '생태시'의 '저항' 행위이다. '저항'의 개념 속엔 현실비판적 성격과 사회운동의 성격이 공존하고 있는 것이다.

마이어-타쉬는 '생태시'를 "정치적 문화의 기록물"[40]이라고 정의하면서도 '생태시'의 기능은 '기록물'이 갖고 있는 보고와 고발의 기능에 국한되지 않음을 암시하였다. 그의 견해에 따르면 '생태시'는 자연 파괴의 원인을 제공하는 '정치적 문화' 전반에 대하여 대중의 비판의식을 유발할 뿐만 아니라 '항의시위(Protestdemonstration)'[41]를 촉진한다는 것을 알 수 있다.[42] 개발정책, 건설사업, 핵실험, 전쟁 등의 중단을 촉구하는 '항의시위'의 장소는 길거리로 제한되지 않는다. 대학의 강의실, 교회의 예배실, 정치가의 연설장 등. 대중이 모여드는 모든 장소가 '항의시위'의 현장이 될 수 있다.[43] 마이어-타쉬는 이렇게 다양한 '항의시위'의 현장에서 반자연적(反自然的) 개발정책을 비판하고 환경파괴적 건설사업의 중단을 주장하는 일종의 "선언문"으로서 '생태시'를 활용할 수 있음을 암시하였다.[44] 교수는 대학의 강의실에서 학생들과 함께, 목사는 교회의 예배실에서 신자들과 함께, 정치가는 연설장에서 지지자들과 함께 생태계를 위협하는 모든 정책과 사업을 비판하면서 정부를 향해 환경친화적인 정책을 수립해줄 것을 촉구하는 "선언문"을 낭독할 수 있다.[45] 그렇다면, '생태시'는 '항의시위' 현장에 모여든 대중의 감정을 일깨워 저항의 에너지를 최고조로 고양시킬 수 있는 예술적

---

40) Ebd., S. 9.
41) Ebd., S. 12.
42) 송용구, 『녹색의 저항. 독일의 생태시』, 들꽃, 서울 2003, 154쪽 참조.
43) Vgl. P. C. Mayer-Tasch, a.a.O., S. 12.
44) 『녹색의 저항. 독일의 생태시』, 154쪽 참조.
45) Vgl. P. C. Mayer-Tasch, a.a.O., S. 12.

'선언문'의 역할을 맡게 될 것이다.

'생태시'는 대중의 '항의시위'를 유발할 뿐만 아니라 '항위시위'의 사회적 효과를 창출할 수 있는 실천지향적인 매체임이 분명하다. '생태시'는 독자에 대한 교육적 기능에 힘입어 대중의 저항운동을 불러 일으켜 총체적 사회변혁을 의도하고 있는 것이다. 이 점에서 '생태시'는 "사회운동"의 기능을 발휘하는 '참여문학'이라고 말할 수 있다. 발터 겝하르트가 제시한 '항의문학'이라는 이름은 '생태시'의 성격을 포괄하기엔 왠지 협소한 느낌이 든다.

6. '생태시'에 나타난 '미학의 저항'

독일어권 지역의 대표적 생태사화집 '직선들의 폭풍우 속에서'라는 이름은 기술문명의 급진적 발전 속도를 암시하고 있다. 이렇게 '직선적'으로 질주하는 기술문명의 소용돌이 속에서 생명을 상실해가는 '나무', '풀', '새들'은 시인으로부터 연민과 사랑의 노래를 선사받으며 '생태시' 속으로 들어와서 인간의 가족으로 다시 태어났다.

발터 헬무트 프리츠(1929 – 생존)

도시 안에서 또다시
주차장을 만들기 위해
플라타나스 나무들을 베어 버렸어.
그들은 이미 많은 것을 알고 있지.
우리는 그들 곁에 있을 때마다
친구로서 그들을 따뜻이 맞아주었으니까.
그 시절엔 나무들에 대해 이야기를 나누지 않는 것조차
범죄나 다름없는 일이었어.
나무들을 생각하면 떠오르는
평화,
나무들에게 깃드는 새들과 바람,
그들의 뿌리에 대해 이야기를 나누지 않는 것이란
있을 수도 없는 일이었지.[46)

Wieder hat man in der Stadt,
um Parkplätze zu schaffen,
Platanen gefällt.
Sie wussten viel.
Wenn wir in ihrer Nähe waren,
begrüssten wir sie als Freunde.
Inzwischen ist es fast
zu einem Verbrechen geworden,
nicht über Bäume zu sprechen,
ihre Wurzeln,

---

46) 송용구, 『녹색의 저항. 독일의 생태시』, 들꽃, 서울 2003, 72쪽.

den Wind, die Vögel,

die sich in ihnen niederlassen,

den Frieden,

an den sie uns erinnern.[47)]

　　　　　　　　　　　－ 발터 헬무트 프리츠[48)]의 「나무/Bäume」[49)] 전문

발터 헬무트 프리츠는 "그들(나무들)의 뿌리에 대해 이야기를 나누지 않
는 것"조차 "범죄나 다름없는 일"로 생각되던 시절이 있었음을 고백하고
있다. 사람들끼리 대화를 나눌 때마다 '나무를 친구로서 맞아들여' 인간의
중요한 화제(話題)로 삼는 것이 일상의 '문화'였음을 알 수 있다. 그러나
지금은 인간의 마을에서 '나무'의 '뿌리'를 잘라내는 것조차도 당연하게 생
각될 정도로 자연을 파괴하는 행위가 만연되어 가고 있다. 이러한 세태의
변화를 가장 민감하게 받아들이는 존재는 바로 시인이다. 프리츠는 '나무를
친구로서 맞아주었던' 에코토피아를 회복하기 위하여 "나무를 사람처럼 받
드는"[50)] 사랑이 절대적으로 필요하다는 메시지를 전해주고 있다. '인간중심
주의'적 패러다임을 '생태주의'적 혹은 '생명중심주의'적 패러다임으로 전환

---

47) Walter Helmut Fritz, *Bäume*, in: *Im Gewitter der Geraden. Deutsche Ökolyrik 1950−1980*, hrsg.
　　v. P. C. Mayer−Tasch, München 1981, S. 75.
48) 발터 헬무트 프리츠(Walter Helmut Fritz): 1929년 독일의 칼스루에 출생. 하이델베르크 대학
　　에서 문예학, 철학을 전공하였다. 1964년부터 본격적인 작가활동을 시작하였고, 1968년부터
　　1970년까지 프랑크푸르트 '피셔(Fischer)' 출판사의 편집고문으로서 원고 심사에 관여하였다.
　　다수의 장편 소설과 에세이를 발표하기도 했지만 창작활동의 중심은 시 분야였다. 간결하고
　　절제된 수사를 통해 자연과 일상생활과 문명 간의 관계를 묘사하였다. 주요 시집으로 『달라
　　진 세월』(1963), 『시집』(1964), 『어려운 도하(渡河)』(1976), 『그리움』(1978), 『자유의 수단』
　　(1983), 『가장행렬』(2003) 등이 있다. 1995년엔 '게오르그 트라클 문학상'을 수상하였다.
49) 「나무/ Bäume」: 1974년에 발표된 시. 발터 헬무트 프리츠의 시집 『어려운 도하(渡河)』(1976)
　　에 처음 수록된 후, 1981년 뮌헨의 베크 출판사가 간행한 생태사화집 『직선들의 폭풍우 속에
　　서. 독일의 생태시 1950−1980』 제3장 '아름다운 신세계' 편에 재수록 되었다.
50) Verena Rentsch, *Ist denn ein Baum euer Feind?*, in: *Im Gewitter der Geraden. Deutsche Ökolyrik
　　1950−1980*, hrsg. v. Peter Cornelius Mayer−Tasch, München 1981, S. 75.

해야 함을 시사하고 있는 것이다.[51]

'생태주의(Ökologie)' 혹은 '생태학적 사상(ökologische Gedanken)'[52]이란, 인간을 포함하여 지상에 존재하는 모든 동식물이 동등한 '생명권(生命權)'을 갖고 있다는 평등주의(平等主義)를 나타낸다. 생태주의자들은 인간과 자연 간의 상생(相生)을 회복하기 위해서는 자연과 생명에 대한 대중의 가치관이 근본적으로 변화되어야 한다고 주장한다. 정치·경제·문화에 대한 대중의 패러다임과 생활양식이 전면적으로 바뀌지 않는다면 생태계의 정화는 불가능하다는 것이다. 환경보호와 생태계의 정화를 위해 과학기술의 힘을 활용한다고 해도 자연보다 기술을, 생명보다 물질을 더 우선시하는 가치관을 변혁시키지 않는다면 과학기술의 능력조차도 생명의 회복에는 도움을 줄 수 없기 때문이다. 패러다임과 생활양식의 총체적 변혁을 바탕으로 테크놀로지의 힘이 결합되었을 때 환경정화의 속도는 기술발전의 속도를 앞지를 수 있는 것이다.

한스 위르겐 하이제(Hans Jürgen Heise)가 자신의 시 「약속」[53]에서 "잡초여/ 모든 사람들이/ 장미만을 사랑스러워하는/ 이 시대에/ 나는 너를 돌보는 산지기가 되리라"[54]고 맹세하고 있는 것처럼 독일의 시인들은 '생태주의'적 사고방식을 통해 인간과 자연 간의 수직관계를 수평관계로 돌려놓고자 했다. 그들에게 있어서 생존권의 경중(輕重)을 저울질할 수 있는 척도는 인간의 이성, 언어, 문화 같은 것이 아니었다. 생물들의 존재가치를 결정하는 유일한 척도는 모든 생물 속에 간직되어 있는 생명 그 자체일 뿐이었다. 천부인권보다 천부생명권(天賦生命權)을 더욱 존중하는 독일 시인들

---

51) 송용구, 『녹색의 저항. 독일의 생태시』, 들꽃, 서울 2003, 72–73쪽 참조.

52) Peter Cornelius Mayer–Tasch, a.a.O., S. 9.

53) Hans Jürgen Heise, *Versprechen*, in: *Im Gewitter der Geraden. Deutsche Ökolyrik 1950–1980*, Hrsg. v. Peter Cornelius Mayer–Tasch, München 1981, S. 56.

54) 송용구, 『직선들의 폭풍우 속에서. 독일의 생태시 1950–1980』, 시문학사, 서울 1998, 56쪽.

의 '생태주의'적 사고방식은 인간과 자연 간의 상생(相生) 의식을 독자의
생활윤리로 전환시킬 수 있는 정신적 동력이 되고 있다.[55]

발터 휄레러(1922 – 2003)

나는 너를 알고 있단다.
너와 함께 등을 맞대고 누워있던
그토록 오랜 세월 동안
얼굴을 스치는
도마뱀과 익룡의 살갖까지도.
대홍수 시절 나는
석회암 속에 너와 함께 묻혀 있었다.

55) 송용구, 『녹색의 저항. 독일의 생태시』, 들꽃, 서울 2003, 54쪽 참조.

수천 년 동안 우리는
살갗을 맞댄 채 나란히 누워있었다. 우리는
화석이 된 것이 아니었다.
함께 물에 젖어 있었을 뿐, 늪처럼 이끼처럼, 아직도
젖어있는 기억이여. 그 시절을 되돌아보며
예감하는 나.

날개 달린 도마뱀이 물 밖으로
날아오르려 하다가 그만
물웅덩이 속으로 첨벙 곤두박질치고
비상하던 너 또한 쿵 하는 소리와 함께
흙탕물 속으로 엎드러졌을 때
나의 살갗은 서늘한 쾌감에 젖었다.
너는 내 곁에 눕고, 이따금 나는 네 등위에 누워
우리는 시름 한 점 없이 웃었노라!

(…)
주위를 둘러보니
어느새
모든 것이 아스팔트로 반듯하게 덮였구나.

오랜 세월 동안 나는 너를 알고 있단다.
수천 년 동안
늪처럼 이끼처럼
웃음을 머금고

그 시절을 되돌아보며

예감하는 나.56)

Ich kenne dich lange Zeit,

wenn ich hinter dir, deinem Rücken zugekehrt,

liege,

die Echsenhaut, Flugsaurierhaut

vor meiner Nase, —

Diluvium, sage ich, ich bin

in einem Kalksteinbruch gefunden worden, mit dir,

wir lagen, dicht beieinander,

jahrtausendelang. — Versteint sind wir nicht.

Wir sind feucht, moosartig, moorig, eine

feuchte Erinnerung — zurückdenkend und vorfühlend. —

Meine Haut fühlt sich wohl, sage ich, seit

die Flufechsen aus dem Wasser sich wagten,

aufzufliegen versuchten, und dann

mit dem Bauch in die Pfütze plumpsten, —

und als du, plamm, mit dem Bauch

in die Pfütze fielst,

du neben mir, ich dann auf dir,

lachten wir unser Steinbruchlachen!

---

56) 같은 책, 11 − 12쪽.

(…)

und wir sehen, rings um uns ist,

inzwischen,

alles saniert, asphaltiert. −

Ich kenne dich lange Zeit.

Jahrtausende.

Moorig, moosartig,

Lachend.

Zurückdenkend.

Vorfühlend.

— 발터 횔레러[57)]의 「시조새의 꿈/Archäopteryx − Traum」[58)] 전문

시인 발터 횔레러는 고생대의 '시조새'와 인간이 평화롭게 공존했었던 생태학적 낙원, 즉 '에코토피아'를 동경한다. '나무들을 친구로서 맞아주는' 상생(相生)의 세계를 그리워하던 프리츠(W. H. Fritz)의 생명의식(生命意 識)이 발터 횔레러의 시에서 재현되고 있다. 에덴동산에서 추방된 아담이

57) 발터 횔레러(Walter Höllerer): 1922년 독일의 슐츠바흐 − 로젠베르크에서 출생하여 2003년 베 를린에서 작고하였다. 작가이자 문예학자로서 1959년부터 1987년까지 베를린 공과대학의 문 예학 교수를 역임하였다. 1954년부터 전후 독일 작가들의 대표적 단체인 '47그룹'의 회합에 비평가로서 참여하였다. 1954년에 문예지『악첸테/Akzente』와 1961년에 문예지『기술시대의 언어』를 창간하여 편집책임을 맡는 등, 문학 담론을 활성화시키는 데 크게 기여하였다. 대표 적 시집으로『또다른 손님』(1952),『시는 어떻게 생겨나는가?』(1964),『시집. 1942−1982』 (1982) 등이 있고, 문학연구서『고전과 현대 사이에서. 전환기 문학의 웃음과 울음』(1958),『현 대시 이론』(2003) 등을 남겼다. 1966년에 '폰타네' 문학상을, 1993년에 '호르스트 비이넥' 문 학상을 수상한 바 있다.

58) 「시조새의 꿈/ Archäopteryx−Traum」: 1979년 문예지『악첸테/Akzente』제4호에 발표된 시. 1981년 뮌헨의 베크 출판사가 간행한 생태시화집『직선들의 폭풍우 속에서. 독일의 생태시 1950−1980』제1장 '고생물학적 서막(序幕)' 편에 재수록 되었다. 생태시화집의 서시(序詩) 역할을 하는 중요한 작품이다.

생명나무의 빛과 향기를 그리워하듯이, 휄레러의 시적 자아는 '시조새'와 함께 '시름 없이' 주고 받던 녹색의 '웃음'을 되찾고자 한다. 프리츠와 휄레러의 시에서 드러나듯이 '생태시'는 고발, 비판, 선동에만 국한된 장르가 아니다. '생태시'의 정신적 뿌리는 '생태주의'적 생명의식임을 알 수 있다.59) 1950년대 이후에 발표된 '생태시'들의 유형을 살펴보면, 사진을 찍거나 복사하듯이 환경파괴의 현장을 있는 그대로 고발하는 '르포(보도문)' 형태의 '생태시'와 '선언문'을 낭독하듯이 대중의 비판의식을 선동하는 '프로파간다' 형태의 '생태시'가 중심적인 위치를 차지했던 것을 부인할 수 없다. 그러나 이러한 '생태시'들의 언술방식이 직설적이고 비문학적(非文學的) 논픽션에 바탕을 두고 있어서 시의 예술성과 미학이 결여되어 있다는 비평을 면할 수 없었다. 우리가 주목해야 할 것은 교육적 목적 혹은 정치적 목적 때문에 예술성과 서정성을 도외시하였던 논픽션 형태의 '생태시'에 맞서서 문학의 예술성과 서정성을 살려내는 '생태시'들이 독일 문단에서 지속적으로 발표되어 왔다는 사실이다. 울리 하르트(Ulli Harth), 엘케 외르트겐(Elke Oertgen), 발터 헬무트 프리츠, 발터 휄레러 등은 '생태시'의 교육목적 때문에 희생양으로 전락했던 언어의 예술성과 미학을 시의 본래 영역 속으로 끌어올려 독자의 환경의식을 강화하는 에너지로 전환시켰다. 시인의 현실인식을 사실적으로 중개해주는 "고발적 언어"와 '생태주의'적 패러다임을 미학적으로 형상화하는 "서정적 언어"가 균형을 이루면서 '생태시'는 예술적 '선언문'으로 승화되었다.

미학과 정치, 서정성과 저항성, 순수문학과 참여문학은 대립적 관계가 아니라는 자명한 이치는 '생태시'를 통하여 실증되었다. 르포와 다큐멘터리에 의존하던 '생태시'의 초기 단계를 벗어나서 은유, 상징, 수사(修辭) 등 미학적 언어를 통하여 생명을 향한 사랑을 노래하는 서정적 '생태시'들이

---

59) 송용구, 『현대시와 생태주의』, 새미 2002. 80-81쪽 참조.

독자의 잠들었던 감성을 일깨웠다. 논픽션 형태의 직설적 언어를 벗어버린 '생태시'의 미학적 언어는 독자의 가슴을 감동시키고 독자의 의식 속에 뿌리박고 있던 '인간중심주의'적 패러다임을 '생태주의'적 패러다임으로 바꾸어 놓았다. 인간과 자연 간의 상생이 단절되어 가고 있음을 직시하는 시인의 "현실인식"은 양자의 상생을 회복해야 한다는 시인의 "생명의식"과 자연스럽게 결합하였다. 필자는 시인의 정신세계와 사회와의 관계 속에서 이루어지는 이러한 인식구조를 "현실적 생명의식"이라 명명하고자 한다. 시인의 "현실적 생명의식"이 '생태시'의 몸을 형성하였고, 시인은 이 "몸"에 미학의 옷을 새롭게 입혀 주었다. 울리 하르트, 엘케 외르트겐, 발터 헬무트 프리츠, 발터 휄레러 등 독일의 시인들은 이 "현실적 생명의식"의 토대 위에서 자연과 생명을 향한 사랑을 미학적 언어로 형상화함으로써 독자의 정서적 감동을 불러일으킴과 동시에 독자의 저항의식을 강화하였다. 시인의 "현실적 생명의식"이 예술성과 미학의 힘을 입고 독자의 정서적 감동을 극대화할 때에 비로소 시인과 독자 간의 연대적 저항의식이 강화되는 길이 열렸다. '생태시'는 랄프 슈넬(Ralf Schnell)이 말했던 '미학(美學)의 저항'[60]을 실현하는 단계로 발전해갔다고 볼 수 있다. 문학의 정서적 기능과 교술적 기능의 조화가 이루어지는 서정적 참여문학의 모델이 독일의 '생태시'를 통해 형성된 것이다.

---

60) Ralf Schnell, *Die Literatur der Bundesrepublick, Autoren, Geschichte, Literaturbetrieb,* Stuttgart 1986, S. 314.

7. '생태시'의 지속 가능성과 '참여문학'으로서의 생명력

독일어권 지역과 서구세계의 울타리를 벗어나서도 '생태시'의 문학적 존재가치를 찾을 수 있을 것인가? '생태시'는 저개발국을 비롯한 제3세계 내에서도 '참여문학'으로서의 문학적 함의를 갖게 될 것인가? 저개발국과 개발도상국들이 강대국의 군사적 기지로 이용되는 상황 속에서 반복되는 군사훈련과 무기실험 등은 제3세계의 생태계를 크게 위협하고 있다. '신자유주의'와 '세계화'의 바람에 휩쓸려 수많은 약소국가들이 강대국의 문화시장(文化市場)으로 전락해가고 있는 것도 생태계 파괴를 야기시키는 원인이 된다. '문화'를 상품화하여 제3세계에서 자본주의 시장을 확대하고 저개발국 혹은 개발도상국을 경제적 식민지와 문화적 식민지로 전락시키는 현상이 '신자유주의'의 얼굴이다. '세계화'라는 이름으로 진행되는 '신자유주의'의 격랑은 개별 국가들의 문화를 파괴할 뿐만 아니라 그 지역의 생태계까지도 파괴시키는 결과를 낳고 있다. IFG(세계화에 관한 국제포럼)의 보고서에 따르면, '세계화' 현상은 '경제세계화'의 또다른 이름이다. '경제세계화'는 '모든 나라의 경제를 통합'할 뿐만 아니라 단일한 '경제' 구조를 통하여 각국의 '문화를 동질화'시켜 문화의 상품화와 '소비자주의'를 집중적으로 촉진하게 된다. 이것은 저개발국들의 '초고속성장'을 부추겨서 각국의 '무제한적인 환경자원 및 새 시장을 착취'하는 양상으로 이어진다. 저개발국들을 대상으로 '무제한적인 국가간 자본이동' 시스템을 조성하여 이 국가들의 생산체제를 '환경과 사회에 해로운 수출지향 생산체제'로 변화시키고 '보건, 사회, 환경프로그램을 해체'시킨다는 것이 IFG의 분석이다.[61] 경제지배 및 문화지배는 제3세계의 생태계 파괴를 불러온다는 것을 알 수 있다.[62] "현

---

61) 세계화 국제포럼, 『더 나은 세계는 가능한가』, 이주명 옮김, 서울 2005, 64-65쪽.
62) 김종철, 『간디의 물레-에콜로지와 문화에 관한 에세이』, 녹색평론사, 서울 2005, 91-92쪽.

시대의 생태문제는 사회문제로부터 파생되었다"[63]는 머레이 북친(Murray Bookchin)의 말이 시사하는 것처럼 제3세계의 생태계 파괴 현상은 강대국과 약소국 간의 정치적 역학관계 및 경제적 이해관계에 원인을 두고 있다. 독일을 비롯한 서구 사회에서 '생태문제'의 심각성이 완화된 반면에 제3세계 지역의 환경오염은 증폭되고 있다. 이러한 사회적 상황을 고려해볼 때 '생태시'는 비서구 사회 혹은 제3세계에서 진행되는 다양한 '생태문제'들을 창작의 소재로 수용할 수 있게 되었다. '세계화'라는 정치적 역학관계로부터 파생되는 '사회문제'가 각국의 생태계 파괴와 어떤 상관성이 있는지를 분석하면서 테마의 범주를 이전보다 더 폭넓게 확대하는 것이 가능해졌다고 볼 수 있다.

마지막으로 독일의 생태계 현실에 비추어 '생태시'의 문학적 지속성과 생명력을 전망해보자. 1970년대 들어 서독(西獨)의 국민소득은 유럽 국가들 중 최상위였다.[64] 이처럼 우세한 경제력과 국민들의 환경의식이 결합되어 서독의 환경정화는 단기간내에 성공을 거둘 수 있었다. '녹색당'과 같은 정당의 주도하에 시민들의 큰 호응이 뒷따르면서 서독의 환경보호운동은 전국적으로 확산되었다. 한스 카스퍼(Hans Kasper)의 '생태시'에서 나타났듯이 제2차 세계대전 이후 급진적인 산업발전의 영향으로 인해 자정능력을 상실해버린 프랑크푸르트의 '마인 江'은 예전의 청정한 물빛을 되찾을 수 있었다. 환경오염의 속도만큼이나 빨랐던 서독의 환경정화 템포는 1980년대 이후 '생태시'의 사회적 효용가치를 하락시키기에 충분하였다. '생태마을'과 환경친화적 도시들이 눈에 띄게 늘어나는 상황하에서 '생태시'가 존립해야 하는 필요성은 급격히 줄어들 수밖에 없었다. 이 같은 사회적 상황의 변화를 인정한다고 해도, 통독(統獨) 이후의 독일 문단 내에서 '생태시'

---

63) 머레이 북친, 『사회생태론의 철학』, 문순홍 역, 솔, 서울 1997, 9쪽.
64) 빌리 브란트 총리 시절에 서독의 국민소득은 영국의 2배였다.

의 문학적 가치가 소멸되었다고 볼 수는 없다. '생태시'가 갖고 있는 '참여문학'의 생명력은 특정한 시대 혹은 특정한 지역에 한정되지 않기 때문이다. 독일이 생태계의 정화에 성공한 국가라고 해도 1950년대에 겪었던 뼈아픈 환경오염의 역사는 현재의 독일에게 언제까지나 반성의 거울로서 남아 있어야 한다. 경제적 이익과 생산성 향상에만 몰두한 나머지 생명의 젖줄인 '물, 공기, 흙'[65]을 방기했었던 과거의 과오를 망각할 때에 독일의 미래는 지나간 과오를 반복할 수 있는 가능성을 갖게 될 것이다. '독일'이라는 국가에 한정시켜서 바라본다고 해도 '생태시'는 독일 국민들에게 지난 시대의 과오를 반복하지 말아야 한다는 경고의 메시지로서 문학적 영향력을 유지하고 있다. '직선적'인 발전의 논리에 사로잡혀 자연을 물질적 도구로 타락시켰던 과거의 '정치적 문화'에 대한 '기록물'이자 미래의 파멸을 예방하는 미학적 경고문으로서 '생태시'는 21세기에도 '참여문학'의 영향력을 유지하게 될 것이다.

---

65) *Im Gewitter der Geraden. Deutsche Ökolyrik 1950 – 1980*, hrsg. v. P. C. Mayer – Tasch, München 1981, S. 29.

제2부

독일의 '생태시'에 나타난 엽기적 묘사와 아이러니
- 한국 생태시와의 비교를 중심으로 -

1. 페스트 환자처럼 변해가는 자연

은모래알의 율동이 환히 비쳐 나오던 강물 속에서 등굽은 물고기들이 페놀의 거품으로 목욕하며 수초(水草)들과 함께 쇠붙이들의 궁전 속에서 죽음의 유희를 즐기는 엽기적 현상들이 1950년대 이후 독일의 현대시에서 지속적으로 묘사되어 독자에게 '낯설음'의 충격을 안겨주었다. 독일의 시인 한스 카스퍼(Hans Kasper)는 산업이 급진적으로 발전하던 1950년대 중반 대도시 '보쿰'에서 생명의 근원인 공기의 푸른빛이 망자(亡者)의 검은 빛으로 변해버린 환경파괴의 참상을 엽기적으로 묘사하였다.

보쿰. 우리가 쌓아올린
부(富)의 연기가
공기를
오염시킨다.
해마다 사람의 폐 속엔

세 통씩
매연이 쌓인다.
그러나 생산의 수치밖에 모르는
전자형(電子形) 두뇌는
한 치의 오차도 없이
증명해 내리라.
죽은 자들은
숨쉬는 법을 몰랐으며,
더욱 잘못된 것은
지나치게
숨을 몰아 쉬었기 때문이라고.[1]

- 한스 카스퍼의 「보쿰」[2] 전문

'생산의 수치밖에 모르는' 자본주의 사회의 메커니즘은 인간을 부(富)를 쌓기 위한 기계로 전락시키고 황금의 소돔성을 향해 전력질주를 강요한다. '전자형 두뇌'만을 요구하는 조직사회 속에서 휴식과 여유를 갖는 것은 경쟁에서의 도태를 의미한다. 주변 세계와의 조화, 즉 인간 상호간의 신뢰는 물론 자연과 인간의 상생조차도 물질적 목표를 위해 우선순위를 양보해야 한다. 인간도, 자연도 필요에 따라 기꺼이 도구로써 기능해야 하는 것이다. 이러한 사회의 병리 현상이 생명의 파괴를 유발하는 원인임에도 불구하고, 생명의 파괴에 대한 책임을 개인의 문제로 치부해버리는 자본주의 사회의

---

1) 송용구, 『직선들의 폭풍우 속에서. 독일의 생태시 1950-1980』, 시문학사, 서울 1998, 15쪽.
2) 「보쿰/ Bochum」: 1955년에 발표된 시. 대도시의 환경오염을 고발하는 한스 카스퍼의 연작시 「뉴스」 중의 한 편이다. 그의 시집 『뉴스와 기사』(1957)에 처음 수록된 후, 1981년 P. C. 마이어-타쉬 교수가 편찬한 생태사화집 『직선들의 폭풍우 속에서. 독일의 생태시 1950-1980』 제2장 「세 가지 원소 물 공기 흙」 편에 재수록 되었다.

집단논리가 비애감을 자아낸다.[3] 그런데 우리가 특히 주목해야 할 것은 시인 한스 카스퍼가 잿빛으로 변해버린 하늘을 바라보며 "해마다 사람의 폐속엔/ 세 통씩/ 매연이 쌓인다."는 충격적 사실을 고발하고 있다는 점이다. 대기오염으로 인하여 인간의 생명이 위협당하는 현실을 충분히 감지하고도 남는 표현이지만 보쿰 시민을 '매연' 처리장에 비유한 것은 다소 엽기적 묘사임에 분명하다. 독자의 의식을 각성시키려는 시인의 교술적 의도를 엿볼 수 있다.

인간을 포함한 모든 생물들에게 숨결을 불어넣는 생명의 근원이 '공기'라는 것은 불변의 진리로서 숭상되어 왔다. 이 진리에 대한 믿음을 근거로 삼아 전통적 자연시 혹은 낭만주의적 자연시 속에서 '공기'는 '어머니'처럼 자애로운 모습으로 인간에게 혜택을 베풀어주는 시혜자의 모습을 나타내왔다. 그러나 한스 카스퍼는 "공기는 생명의 근원"이라는 진리가 이제는 의심의 대상으로 전락하게 되었음을 선언하고 있다. 독일의 여류 시인 엘케 외르트겐이 자신의 시 「물」에서 묘사한 것처럼 떼죽음을 당한 물고기들이 "하얀 하복부를 / 하늘로 향한 채/ 하류로 둥둥 떠내려가며"[4] 배영(背泳)을 연출하는 엽기적 현상은 현대인들로 하여금 더 이상 자연의 아름다움과 생명력을 신뢰할 수 없게 만들었다. 모신(母神) 가이아(Gaia)의 숨결처럼 예찬을 받아왔던 '공기'는 자신이 받았던 독배(毒杯)를 고스란히 도시인들에게 되돌려주는 복수의 여신 네메시스로 탈바꿈하였다.[5]

---

3) 송용구, 『녹색의 저항. 독일의 생태시』, 들꽃, 서울 2003, 30쪽.
4) 송용구, 『직선들의 폭풍우 속에서. 독일의 생태시 1950~1980』, 시문학사, 서울 1998, 16-18쪽.
5) 송용구, 『에코토피아를 향한 생명시학』, 시문학사, 서울 2000, 86-87쪽.

2. 생존의 위기를 각성시키는 엽기적 언술방식

독일의 시인들은 환경오염이 공상과학영화에서 나오는 가상의 상황이 아니며, 독일 내에 국한된 지역적 현상도 아니라는 점을 강조하였다. 자연과 인간의 상생(相生)을 지켜내기 위해서는 생명이 망가지는 현실을 대중에게 객관적으로 알려야 한다는 시인들의 연대의식이 형성되었다. 따라서 1970년대 이후 독일의 '생태시'는 생태계 파괴의 양상을 현미경으로 들여다보듯 세밀하게 묘사하고 고발하였다.[6] 생태계 파괴의 현장을 생생히 재생하는 작업에서 시인들은 엽기적 묘사방식을 동원하게 되었다. 생존의 위기를 독자에게 인식시키기 위한 언술방식으로서 엽기적 묘사방식은 독자에게 정서적 충격과 함께 의식의 각성을 불러일으키는 효과를 발휘하였다.

하인츠 쉬네바이스(Heinz Schneweiß :
1930 – 생존)

---

6) 『녹색의 저항. 독일의 생태시』, 174쪽.

그녀는

아직 씻지 않은

배

한 개를 먹었다

그녀의

아랫배가

부풀었다

그녀의

두 팔이

퉁퉁 부어 올랐다

그녀의

두 다리가 부풀었다

그리고

　　세포들이

　　　　떨어져 나갔다

　　　　　　뿔뿔이 흩어지는

　　　　　　　　솜털 조각

　　　　　　　　　같았다.[7]

　　　　　　　　　　− 하인츠 쉬네바이스[8]의 「그녀는」[9] 전문

---

7) 송용구, 『직선들의 폭풍우 속에서. 독일의 생태시 1950−1980』, 시문학사, 1998, 65−66쪽.

8) 하인츠 쉬네바이스(Heinz Schneeweiß): 1930년 오스트리아의 브레겐츠 출생. 1964년 이후 네덜
란드의 로테르담으로 이주하여 현재까지 이곳에 거주하고 있다. 1964년부터 68년까지 독일어
권 문학과 네덜란드 문학을 동시에 연구하였다. 1964년부터 현재까지 '네덜란드 작가동맹'의
회원으로 활동하고 있고, 1982년 이후엔 '국제 펜클럽' 런던 본부의 회원으로 활동 중이다.
주요 시집으로 『지구 반대편 사람의 비망록』(1968), 『오직 그렇게만』(1974), 『고요의 건축학』
(1984) 등이 있다.

9) 제목이 없는 작품이므로 첫 행의 '그녀는'을 가상의 제목으로 설정하였다. 1974년 하인츠 쉬
네바이스의 시집 『오직 그렇게만』에 처음 수록된 후, 1981년 생태사화집 『직선들의 폭풍우

독일의 시인 하인츠 쉬네바이스(Heinz Schneweiß)는 생태계 파괴로 인해 감수해야만 하는 인체의 파멸 과정을 엽기적으로 묘사함으로써 생명에 대한 경각심을 일깨운다. '세포들'이 '솜털 조각'처럼 부스러져서 '뿔뿔이 흩어진다'는 표현은 괴기 영화의 한 장면처럼 소름끼치는 현실을 재생하고 있다. 농약에 오염된 흙을 통하여 과일 속에 스며드는 화학물질이 고스란히 인체 속으로 옮겨진다는 사실을 문학적으로 변용(變容)시킨 작품이다. 현실인식의 바탕 위에서 생명존중의 메시지를 전하기 위해 시인은 엽기적 상상력과 언술방식을 동원하고 있는 것이다. 생태계 파괴와 환경오염의 생생한 실상을 독자에게 인식시키려는 의도로써 엽기적 상상력을 동원하여 생명존중의 메시지를 창조해내는 묘사방식은 한국의 시단에서도 종종 목격할 수 있다.

　　무뇌아를 낳고 보니 산모는
　　몸 안에 공장지대가 들어선 느낌이다
　　젖을 짜면 흘러내리는 허연 폐수와
　　아이 배꼽에 매달린 비닐끈들
　　저 굴뚝들과 나는 간통한 게 분명해[10]

　　　　　　　　　　　　　　　　　　－ 최승호의 「공장지대」 일부

산모의 가슴에서 모유 대신 '허연 폐수'가 흘러나오는 것은 사실적 상황이 아니다. '공장지대'의 폐수 때문에 오염된 강물을 마시고 산모의 몸이 병들었다는 것을 인정한다고 해도 '산모'의 '젖을 짜면' 모유가 흘러나오게 마련이다. 그러나 이 모유는 아이를 키워낼 수 있는 생명력을 상실해버린

속에서. 독일의 생태시 1950−1980』 제3장 「아름다운 신세계」편에 재수록 되었다.
10) 최승호, 「공장지대」, 『세속도시의 즐거움』, 세계사, 서울 1991, 14쪽.

모유이다. 중금속으로 오염된 강물처럼 철저히 변질된 모유이다. 시인은 이 객관적 사실을 독자에게 고발하고 있다. 그는 독자에게 정서적 충격을 안겨줌으로써 독자의 의식을 각성시키는 교육적 효과를 극대화하기 위해 '모유'를 '허연 폐수'로 변용(變容)시키는 엽기적 상상력을 폭발시킨 것이다. 산모의 몸과 아기의 생명을 이어주는 끈의 역할을 하는 탯줄이 생명의 연결고리로서 더 이상 기능하지 못한다는 사실을 알리기 위해 '아이 배꼽에 매달린' 탯줄을 '비닐끈'으로 변용시켰음을 알 수 있다. 엽기적 상상력에 의해 생태주의적 메시지를 창출해내는 픽션의 개가(凱歌)라고 할 수 있겠다.

3. 묵시록에 나타난 엽기적 언술방식

1970년대 이후 독일어권 지역의 '생태시'에서는 생명파괴의 실상을 객관적으로 실증해줄 수 있는 낱말들이 시어(詩語)로 채택되었다. 피해자인 '자연'은 생명이 파멸해가는 과정을 폭로해주는 증인이 되었고 시어(詩語)는 이 증인의 고백을 독자에게 전해주는 메신저가 되었다. 시인에게 요구되는 언어행위는 자연에게 심미적 광채를 입히는 것이 아니라, 자연과 인간에게 당면한 공멸의 위기를 충격적으로 증언하는 일이었다. 현대의 시는 새로운 역할을 부여받게 되었다. 그것은 자연의 병든 환부를 감싸고 있는 아름다운 관념의 옷을 벗겨내고 동시대의 사람들에게 '생존'의 위기상황을 각성시키는 일이었다.[11] 새로운 시대의 문학적 소명을 수행하기 위해서 독일의 시인들은 르포, 다큐멘터리, 묵시록 같은 다양한 언술방식을 사용하였다. 르포와 다큐멘터리는 작가의 상상력이 개입될 수 없는 비문학적(非文學的) 언술방식인 까닭에 예술성과 미학을 포기하는 문학적 손실을 감수할 수밖

---

11) 송용구, 「독일의 생태시와 시론」, ≪시와사상≫, 2001 봄, 256-257쪽.

에 없었다. 교육적 효과를 높이는 데 주력하다 보니 예술성이 상실되는 결과를 가져온 것이다. 그러나 독일의 시인들은 '묵시록'이라는 언술방식을 사용하여 미학적 실험을 꾸준히 시도함으로써 생태시의 예술성을 회복하고 현대시의 영역 안에서 미학과 교술성을 조화시키는 작업을 강화해나갔다. 랄프 슈넬(Ralf Schnell)이 언급했던 "미학의 저항"을 실현하는 길을 걸어가게 된 것이다. 시인들은 생태계 파괴로 인해 미래에 닥쳐올지도 모르는 지구의 종말과 인류의 파멸을 "예언"하면서 종말의 상황을 엽기적으로 묘사하였다. 독자에게 정서적 충격의 강도를 높이고 생존의 위기의식을 각성시키려는 의도로써 지구를 거대한 공동묘지, 유령들의 위성, 거대한 화석 등에 비유하는 엽기적 묘사에 충실하게 되었다. 독일 시인들의 비범한 상상력을 통해 가공된 엽기적 상황들은 제각기 인류의 종말을 나타내는 다양한 메타포로서 언어미학(言語美學)의 기능을 발휘하였다.

권터 쿠네르트(Gönter Kunert:
1929 – 생존)

우리가 소유한
가장 좋은 금속으로 만든

공 안에서

죽은 개 한 마리

날마다 우리의 지구 주변을 돌고 있다.

우리가 소유한 가장 좋은 위성

지구가

어느 날 저렇게

죽은 인류를 싣고

해마다 태양 주변을

돌게 될 지도 모른다는

경고를 보내면서.[12]

－ 귄터 쿠네르트[13]의 「라이카」[14] 전문

귄터 쿠네르트의 시 「라이카」는 1957년 '라이카'라는 이름의 개 한 마리를 인공위성 '슈프트닉 2호'에 태워 역사상 최초로 우주 공간에 생명체를 띄워 보냈던 사건을 소재로 삼고 있다. 시인의 상상력에 의해 이 역사적 사건은 지구의 종말에 대한 은유로 변화한다. '죽은 개'를 싣고 '지구 주변을 도는' 인공위성은, 멸망한 인류를 싣고 '태양 주변을 돌게 될 지도 모르는' 지구의 은유이다. 시인은 '죽은 개'를 통해 '죽은 인류'의 미래를 예언함으로써 '개'와 인류 공동의 터전인 '지구'의 죽음을 경고하고 있다.[15] '가장 좋은 위성'이었던 '지구' 안에서 모든 생물들이 시체로 변해버리는

12) 송용구, 『녹색의 저항. 독일의 생태시』, 들꽃, 2003, 119쪽.
13) 귄터 쿠네르트(Günter Kunert): 1929년 독일의 베를린 출생. 구동독(舊東獨)의 문단에서 대표적 시인으로 활동해왔다. 『일상』(1960), 『혹성에 대한 기억』(1963), 『유토피아로 가는 길 위에서』(1978) 등의 시집을 비롯해 다수의 소설과 에세이를 남겼다.
14) 1963년에 발표된 시. 시집 『혹성에 대한 기억』(1963)에 처음 수록된 후, 1981년 생태사화집 『직선들의 폭풍우 속에서. 독일의 생태시 1950－1980』제7장 「묵시록」편에 재수록 되었다.
15) 송용구, 『녹색의 저항. 독일의 생태시』, 120쪽.

엽기적 상황을 묵시록의 표현방식을 통해 경고하고 있는 것이다. '지구'를 거대한 공동묘지 혹은 '해골'들의 '관(棺)'에 비유하는 엽기적 묘사방식은 1990년대 이후 한국 시인들의 '생태시'에서도 발견되고 있다.

> 태양을 중심으로 지구가 돈다/ 그곳에 아무도 살지 않는다/ 그들이 일어날 때의 시간인데도/ 산의 그늘만이 길게 뻗쳐 있다/ 햇빛이 해골의 눈 속을 통과하여/ 바람이 불고 오늘은 눈이 내린다/ 지구는 혼자 외로이 겨울을/ 빠져나가면서 공중에 떠 있을 뿐/ 인류는 모두 어디에 갔는가/ 빈 지구만이 태양을 돌면서 또/ 태양은 지구를 데리고 멀고도 먼/ 움직이는 우주를 따라가는 은하/ 그 은하계를 따라 사라져 간다/ 지구는 모든 조상의 묘를 싣고/ 밤과 낮을 끊임없이 통과하리라
>
> — 고형렬의 「지구墓」[16] 전문

> 인간도 언젠가는 멸종하리라는 것/ 그 숱한 생명체들을 멸종시킨 죄로// 지구는 도는데 나는 사라지고 없으리/ 지구는 도는데 나는 무덤속에 누워 있으리/ 지구는 도는데 나는 흙먼지가 되어 날리고 있으리/ 언젠가는 반드시
>
> — 이승하의 「생명체에 관하여」[17] 일부

독일어권 지역 시인들의 생태사화집 『직선들의 폭풍우 속에서』라는 제목이 상징적으로 암시하는 것처럼 기술문명의 메커니즘은 자연과 인간의 상생을 지향하는 "곡선" 형태의 점진적 발전이 아니라 황금빛 "소돔성"을

---

16) 고형렬, 「지구墓」, 시집 『서울은 안녕한가』, 삼진기획, 서울 1991, 29쪽.
17) 이승하, 「생명체에 관하여」, 시집 『생명에서 물건으로』, 문학과지성사, 서울 1995, 56쪽.

향해 '직선적'으로 질주하는 급진적 발전만을 추구해왔다. 그 결과, 자연은 기술문명의 '직선적' 발전을 가속화시켜줄 도구로 전락하였다. 자연의 '생명체들'은 인간의 탐욕을 충족시켜주는 희생물일 뿐이었다. 인류의 물질적 쾌락을 위해 저당 잡힌 마지막 담보물은 인류 자신의 '멸종'과 지구의 파멸이었다. 귄터 쿠네르트의 「라이카」에서 묘사되었던 '죽은 인류'의 공동묘지인 '지구'를 고형렬과 이승하의 시에서 또다시 만나게 된다. '지구'는 인류의 '해골'과 '멸종'된 '생명체들'을 싣고 '태양' 주변을 도는 거대한 '묘(墓)'로 전락하리라는 예언이 한국 시인들의 목소리로 재현되고 있는 것이다. 지구의 종말을 예언하는 시인들의 비관적인 목소리는 그들의 엽기적 언술 방식과 결합하여 인류의 미래에 어두운 비가(悲歌)를 헌정한다. 그 비가는 지구의 죽음을 애도하는 조사(弔詞)처럼 들려오기도 한다. 이처럼 비관적인 "예언"의 언술방식을 통해 지구의 종말과 인류의 '멸종'을 엽기적으로 묘사하는 것은 현대인들을 향해 '경고'의 옐로우 카드를 뽑아들어 '종말'을 막아내자고 호소하는 반어적(反語的) 의미를 내포하고 있다.[18]

베른트 M. 말루나트(Bernd
M. Malunat: 1943 – 생존)

---

18) 송용구, 『현대시와 생태주의』, 새미, 서울 2002, 93–96쪽.

어느 날
폐허의 잔해 속에서
원자로를
공룡의 화석처럼 발굴하리라
삶을
지탱할 수 없었던 자들의
유산으로[19)]

― 베른트 M. 말루나트[20)]의 「유산」[21)]

독일의 시인 베른트 M. 말루나트(Bernd M. Malunat)는 모든 생물들이
차디찬 땅에 묻혀 '화석'으로 변해버린 적막한 풍경을 마지막 '유산'처럼
쓸쓸히 노래하고 있다. 미래의 어느 날 인류가 '원자로'를 관(棺)으로 삼아
'공룡의 화석' 옆에 나란히 누워 있게 되리라는 엽기적 예언은 자연을 착
취의 대상으로 지배해왔던 인류의 탐욕에 경종을 울리고 현대인들의 "물질
중심적" 패러다임을 "생명중심적" 패러다임으로 바꾸어놓으려는 "아이러
니"로서 작용하고 있다. '폐허의 잔해'를 '유산'으로 물려받을 수 없다는 반
어적(反語的) 메시지가 위기의 시대를 살아가는 모든 현대인들에게 물려줄
가장 중요한 '유산'이 되고 있는 것이다.[22)]

---

19) 『녹색의 저항. 독일의 생태시』, 128쪽.
20) 베른트 M. 말루나트: 1943년 독일의 안거부르크(Angerburg) 출생. 시 「유산」을 발표하면서 본
    격적인 문단활동을 시작하였다. 정치학 및 정치생태학 분야의 전문가. 뮌헨 대학교의 정치학
    연구소 "Geschwister-Scholl -Institut"에서 학술고문으로 다년간 활동하였다.
21) 「유산」: 1981년에 발표된 시. 1981년 생태사화집 『직선들의 폭풍우 속에서. 독일의 생태시
    1950-1980』 제8장 「고생물학적 후막(後幕)」 편에 수록되었다. 생태사화집의 문을 닫는 역할
    을 하고 있다.
22) 『녹색의 저항. 독일의 생태시』, 129쪽.

4. 독일의 현대시에 묘사된 '엽기', 어떻게 이해할 것인가?

미셸 푸코, 자크 데리다 등의 해체주의 이론이 철학계를 지배하면서부터 절대적 진리를 부정하고 모든 문화적 현상을 상대적 관점에서 수평적으로 바라보는 "문화다원주의"[23]가 시작품 속에서 다양한 모습으로 형상화되어 왔다. 서구의 전통시에서 기존의 시적 주체 혹은 시적 자아가 세계, 인간, 자연의 의미를 주관적으로 규정해왔다고 한다면, 서구의 현대시는 시적 주체 속에 갇혀있던 세계, 인간, 자연 등을 해방시키고 이들을 독립적인 존재인 타자(他者)로서 인정하며 이들과의 동등한 수평관계 속에서 시적 자아를 해체시키는 '포스트모더니즘'의 경향을 보여주고 있다. 21세기에도 이러한 문학적 현상은 계속될 전망이다.

20세기 중반 이후 독일의 현대시 속에서 자주 소재로 등장하는 엽기적 현상 또한 기존의 시적 자아에 의해 규정되던 절대적 의미를 부정하고 주체를 해체시키는 '포스트모더니즘'적 문학의 흐름이라고 볼 수 있다. "엽기"는 전통적 관념을 통해서는 전혀 이해할 수 없는 낯설은 현상으로 독자에게 다가와서 독자의 고정관념을 파괴한다. 사전에서는 "엽기"를 "기괴한 현상이나 이상한 일에 강한 흥미를 가지고 찾아다니는" 행각으로 정의하고 있다. 그러나 문학작품에서 묘사된 엽기적 현상은 단지 기괴하고 이상한 현상에 국한되는 것이 아니다. 체제에 의해 강요된 도덕과 인습 속에 갇혀서 비판능력을 잃어버린 독자들에게 세계의 은폐된 면모들을 인식시키고 고정관념으로부터 독자의 의식을 해방시키는 문학적 반어(反語)로서 작용하는 것이 "엽기"이다. 당연하고, 올바르고, 진실해 보이는 사회현실의 이면에 낯설고, 기이하고, 일그러진 부조리의 현상들이 내재하고 있다는 것을 인식시켜주는 기능을 의미한다.

---

23) 크리스 젠크스, 『문화란 무엇인가』, 김윤용 옮김, 현대미학사, 서울 1996, 188-189쪽.

독일의 현대시에 나타난 엽기적 묘사는 언어의 외관상으로 볼 때 끔찍하고 잔인하기 이를 데 없는 그로테스크한 현상으로 읽혀진다. 그러나 언어의 겉과 속은 엄밀히 구분되어야 한다. 형식과 내용의 차이를 분별하는 것이 필요하다. 엽기적으로 묘사된 현상의 바깥에 흐르고 있는 외적(外的) 언어는 "엽기" 그 자체일 뿐이다. 그러나 엽기적 묘사의 내부 속에 살아있는 내적(內的) 언어는 '진리'라고 믿어왔던 가치체계에 대해 비판적 거리감을 조성해주고, '낯설게 하기'의 미학적 효과를 창출한다. 절대적 가치체계로부터 자연, 인간, 여성, 민중, 생명, 사물 등을 해방시켜서 '타자(他者)'의 독립적 존재와 상대성을 고양시킨다. 이성만능주의적 사고방식으로부터 자연을, 물질만능주의적 사고방식으로부터 인간을, 남성우월주의적 사고방식으로부터 여성을, 제국주의적 혹은 권력중심적 사고방식으로부터 민중을, 기술만능주의적 사고방식으로부터 생명을 해방시켜서 모든 개별적 존재들에게 고유한 가치를 회복시켜주는 문학적 "아이러니"의 기능을 톡톡히 수행하고 있는 것이다.

필자는 독일, 스위스, 오스트리아 등 독일어권 지역의 작가들이 20세기 중반 이후 자연 및 생태계의 파괴현상을 "엽기적"으로 묘사한 현대시의 다양한 양상과 시대적 배경을 살펴보고 그 문학적 의의를 조명해보았다. 파괴되어가는 자연 및 생명에 대한 독일 시인들의 엽기적 묘사가 독자의 내면세계로부터 '생태주의'적 패러다임을 이끌어내는 창조적 "아이러니"의 기능을 발휘하였음이 한국 시인들의 창작기법에 미학적 자극제가 되기를 희망한다.

제3부

생태 엔솔로지『직선들의 폭풍우 속에서. 독일의 생태시 1950 – 1980』대표시와 해설

옮김 및 해설: 송 용 구

잃어버린 낙원을 꿈꾸며

— 발터 휄레러의 「시조새의 꿈」

발터 휄레러 1922년 독일의 로젠베르크 출생. 대표적 시집으로 『또다른 손님』(1952), 『시는 어떻게 생겨나는가』(1964) 등이 있다.

나는 너를 알고 있단다.
너와 함께 등을 맞대고 누워있던
그토록 오랜 세월 동안
얼굴을 스치는
도마뱀과 익룡의 살갗까지도.
대홍수 시절 나는
석회암 속에 너와 함께 묻혀 있었다.
수천 년 동안 우리는
살갗을 맞댄 채 나란히 누워있었다. 우리는
화석이 된 것이 아니었다.
함께 물에 젖어 있었을 뿐, 늪처럼 이끼처럼, 아직도
젖어있는 기억이여. 그 시절을 되돌아보며
예감하는 나.

날개 달린 공룡이 물 밖으로
날아오르려 하다가 그만
물웅덩이 속으로 첨벙 곤두박질치고
비상하던 너 또한 쿵 하는 소리와 함께

흙탕물 속으로 엎드러졌을 때
나의 살갗은 서늘한 쾌감에 젖었다.
너는 내 곁에 눕고, 이따금 나는 네 등위에 누워
우리는 시름 한 점 없이 웃었노라!

주위를 둘러보니
어느새
모든 것이 아스팔트로 반듯하게 덮였구나.

오랜 세월 동안 나는 너를 알고 있단다.
수천 년 동안
늪처럼 이끼처럼
웃음을 머금고
그 시절을 되돌아보며
예감하는 나.

*「시조새의 꿈/ Archäopteryx − Traum」: 1978년에 발표된 詩. 1981년
뮌헨의 베크 출판사에서 간행한 생태 엔솔로지 『직선들의 폭풍우 속에서.
독일의 생태시 1950−1980』 제1장 '고생물학적 서막(序幕)'편에 수록되었
다. 생태 엔솔로지의 서시(序詩) 역할을 하는 중요한 작품이다. 시인 발터
휄레러는 고생대의 파충류와 인간이 평화롭게 조화를 이루었던 생태학적
낙원, 즉 에코토피아를 동경하고 있다. 시인은 '시조새'와 함께 형제처럼
웃음을 주고받던 상생(相生)의 낙원을 예찬한다. 에덴동산에서 추방된 아담
이 생명나무의 빛과 향기를 그리워하듯이, 아스팔트 위에 서서 잃어버린
낙원의 초록빛 그늘을 꿈꾸는 시인의 눈빛이 쓸쓸해 보인다.

물가에서 부르는 슬픔의 노래
— 엘케 외르트겐의 「물」

엘케 외르트겐 1936년 독일의 코블렌츠 출생. 자연의 기본적인 원소들인 물, 공기, 흙과 관련된 생태문제를 다양한 비유를 통해 고발하였다. 사실성과 미학을 조화시킴으로써 1970년대 독일 '생태시'의 문학적 수준을 격상시킨 시인이다. 대표적 시집으로 『수맥(水脈)을 찾는 무리』(1978), 『돌은 기억하고 있다』(1988)등이 있다.

모든 생명은
물에서 태어난다고
탈레스는 말한다.
나는 그의 말을 믿는다.
아프리카의 아이들이
물이 없어 죽지는 않는다고 해도
나는 그의 말을 믿는다.

그러나 물이 병들면 어찌될까?
독을 품은 산(酸)과 염(鹽)이
앞다투어 경쟁하듯
나의 물을 몰고 가버린다면 어찌될 것인가?
물고기들이 하얀 하복부를
하늘로 향한 채
하류로 둥둥 떠내려가는 것은

누구의 탓이란 말인가?

나는 이제 어떤 물을
믿어야 하는가?
미역감고 맴을 돌던
호수의 물살을 믿어야 하는가?
여행 중 카메라에 담은
폭포수와
오늘밤 머리맡에 떨어지는
빗줄기는
과연 얼마나 흠이 없는 것일까?
바닷물도 종언을 고하며
죽을 날을 기다리고 있다.

물 위에 고이 흐르던
정령(精靈)들의 노래를
이젠 바꾸어 부를 때가 되었구나.

모든 생명은
물에서 태어난다고
탈레스는 말한다.
여전히 나는 그의 말을 믿는다.

*「물/ Wasser」: 1980년에 발표된 詩. 1981년 생태 엔솔로지 『직선들의
폭풍우 속에서. 독일의 생태시 1950－1980』제2장 '세 가지 원소. 물·공

기・흙' 편에 수록되었다. 인간과 모든 동식물에게 생명의 에너지를 공급해주던 자연의 원소(元素)들이 죽음을 낳는 독소(毒素)로 변해 가는 상황을 고발하고 있다. 시인은 "모든 생명은 물에서 태어난다"고 했던 희랍 철학자 탈레스의 말에 믿음을 부여한다. 시인 또한 자연의 원소를 생명의 근원으로 보기 때문이다. 그러나 "바닷물도 종언을 고하며 죽을 날을 기다리고 있다"는 시인의 고백에서 드러나듯이, 생명의 모태인 '물'이 오염되어 인간을 비롯한 모든 동식물을 죽음의 막다른 골목으로 몰아넣고 있다. 시인은 "정령들의 노래를 바꾸어 부를 때가 되었다"고 말함으로써 자연에 대한 의식과 태도가 달라져야 함을 강조하고 있다. 서정시인들이 노래해왔던 '물'의 아름다움을 향한 찬가는 아름다움의 상실을 슬퍼하는 비가(悲歌)로 변할 수밖에 없다는 것이다.

신의 익사(溺死)

－마르고트 샤르펜베르크의 「강의 신」

마르고트 샤르펜베르크 독일의 쾰른 출생. 주요 시집으로『혼적』(1975),
『새로운 혼적』(1975),『大聖堂과의 대화』(1980) 등이 있다.

강의 신이여
강력한 당신의 머리에서
흘러나오는 탄식을 어찌해야 합니까

주여
당신의 하천에서
당신의 삶을 거두어야 할 때가
다가오고 있습니다

강변의 요정(妖精)들과
물고기들이 강 아래로
주검의 신세 되어
당신을 떠나야 할 때가
이르렀습니다
헤엄치는 사람도, 뱃사람도
당신을 역겨워 할 것입니다

당신의 터전을 어찌하면 좋겠습니까

사람들의 싸움박질과
아귀다툼 속에서
당신의 질서는 남김없이 무너지고 있습니다

당신에게 흠 없는 제물을 바칠 자
아무도 없습니다

당신의 물을 거룩하게 여길 자
아무도 없습니다

당신의 목소리는
세 가닥으로 갈라져
곱슬머리 사이사이에
가까스로 붙어 있습니다
산산이 찢겨진
당신의 입술이여

숨이 막혀 죽어 가는 자의 절규를
물결 속에 삼켜버린 뒤
당신마저도
머리카락만 남긴 채
가라앉아 버리겠죠

그러나 정녕
물의 영혼인 당신이

물 속에서 숨이 막혀 죽어간다면
강은 대체 어찌되란 말입니까

＊「강의 神/ Flußgott」: 1979년에 발표된 시. 마르고트 샤르펜베르크의
개인시집에 처음 수록된 후, 1981년 생태 엔솔로지『직선들의 폭풍우 속에
서. 독일의 생태시 1950－1980』제2장 '세 가지 원소. 물·공기·흙' 편
에 재수록 되었다. 엘케 외르트겐의 「물」과 유사한 주제의식이 드러나고
있다. 물의 '요정들'이 부르는 노래는 더 이상 낭만적 찬가가 아니라 '강의
神'과 그 피조물들의 죽음을 애도하는 조가(弔歌)이다. '물의 영혼이 물 속
에서 숨이 막혀 죽는다'는 시인의 고백으로부터 강의 자정능력이 완전히
상실되었음을 알 수 있다. 시인의 냉소적 언어가 오염상태의 심각성을 더
욱 환기시킨다.

갈색으로 변해가는 핏줄
— 루드비히 피엔홀트의 「폐수」

루드비히 피엔홀트 1954년 독일의 다름슈타트 출생. 신문과 엔솔로지에 다수의 시를 발표하였고 경구(警句), 기행문, 동화 등 다양한 장르에 걸쳐 창작활동을 전개하였다. 대표적 시집으로 『문학노트』(1973)가 있다.

어제 내가 마셨던
수돗물 한 모금은
맛이 아주 달았고
갈색은 이전보다
훨씬 더 짙어졌다.
더욱이 코카콜라에서나 본 듯한
거품이 일고 있었다.

*「폐수/ Abwässer」: 1973년에 발표된 시. 1973년 루드비히 피엔홀트의 시집 『문학노트』에 처음 수록된 후, 1981년 생태 엔솔로지 『직선들의 폭풍우 속에서. 독일의 생태시 1950─1980』 제2장 '세 가지 원소. 물·공기·흙' 편에 재수록 되었다. 물 한 모금조차도 마음 놓고 마실 수 없는 현실이 극명하게 부각되고 있다. "모든 생명은 물에서 태어난다"는 탈레스의 말을 진리로 받아들인다면, "모든 생명이 오염된 물 때문에 죽어 간다"는 말도 오늘의 현실이 만들어낸 진리(?)일 것이다. 루드비히 피엔홀트의 또다른 시 「풍경」에서 '골짜기 개울물'을 죽음으로 몰고 갔던 유독성 화학물질은 어느덧 '수돗물'을 통해 인간의 몸속으로 스며들어 핏줄을 '갈색'으로

물들이고 있다. 시인은 인간의 몸이 오염된 물을 수합하는 '폐수' 처리장으로 전락하게 될 날도 멀지 않았음을 예고하고 있다.

놀라운 현실, 놀라지 않는 사람들
― 한스 카스퍼의 「프랑크푸르트」

한스 카스퍼 1916년 독일의 베를린 출생. 시, 에세이, 경구(警句), 방송극 등 다양한 장르의 작품을 발표하였다. 주요 시집으로 『뉴스와 기사』(1957), 『호흡이 멎은 시간』(1961), 『내면여행』(1965), 『인간에 대한 보고』(1978) 등이 있다.

프랑크푸르트. 기름을 머금은 마인江에서
수만 마리 물고기가 숨이 막혀 죽고 말았어.
시민들로서는
놀랄만한 이유가
전혀 없는 거야.
흐르는
물결이 너그럽기 때문이지.
물결은
삽시간에
강기슭을 지나
파리떼 들끓는
은빛 시체 더미를
몰고 가버린다구.
시체 썩는 냄새가
무감각한 우리의 코를 찌르기도 전에
바람이 먼저

악취를 휩쓸고 가버리니
모든 것은
기막히게 제 자리를 찾는다구.

*「프랑크푸르트/ Frankfurt」: 1955년에 발표된 시. 대도시의 환경문제를
소재로 다룬 한스 카스퍼의 연작시 「뉴스」 중 한 편이다. 1957년 그의 시
집 『뉴스와 기사』에 처음 수록된 후, 1981년 생태 엔솔로지 『직선들의 폭
풍우 속에서. 독일의 생태시 1950 - 1980』 제2장 '세 가지 원소. 물·공기
·흙』편에 재수록 되었다. 시적 화자의 눈에 목격된 대도시는 생태파괴의
진원지이며, 자연과 인간의 상생(相生)의 시스템이 교란되고 있는 현장이
다. 강물의 가사상태와 물고기들의 떼죽음은 이미 1950년대 독일의 현실
상황이었던 것을 확인하게 된다. 1, 2행에서 목격자처럼 강물의 오염을 객
관적으로 증언하던 화자는 3행 이후부터 사실적 고발에 그치지 않고 반어
적 어법으로 환경오염의 근본 원인을 비판하기 시작한다. 그가 비꼬는 듯
한 어투로 비판하는 대상은 자연환경에 대한 몰이해와 무관심이다. 그는
산업활동 때문에 자연환경을 돌아볼 여유가 없다는 궁색한 변명을 용납하
지 않는다. 따라서 12행의 '무감각한 우리의 코'는 환경에 대한 행정 당국
과 시민들의 무관심을 냉소적으로 비판하는 발언이 아닐 수 없다. 시적 화
자는 대중의 무관심을 자본주의의 메커니즘보다 더욱 심각한 병인(病人)으
로 간주하기 때문이다.

가장 소중한 영혼
— 엘케 외르트겐의 「공기」

엘케 외르트겐

공기여, 그대가 없다면 과연 나의 심장은
몇 번이나 더 뛸 수 있을까?
그대가 살아있지 않다면,
그대가 나를 뿌리치고 가버린다면
불안은
내 숨통을 조여오리라.
공기여, 보이지는 않지만 어디에나 살아있는 존재여
옛 사람들은 그대를 영혼 또는 정신이라 일컬었고,
호흡이자 숨결이라 부르기도 했다.
진흙덩이였던 나의 몸을
살아 꿈틀거리게 했던 그대
생명이여.
나는 그대의 핏줄로 숨을 쉬고 말을 하며
그대의 입으로 노래하고 피리를 불 수 있노라.
공기여, 그대 점점 야위어 간다해도
저 높은 곳에 티없이 맑고 정결한
그대 있음에, 나는 아직 숨을 쉴 수 있노라.
사람들이 그대에게 지은 죄를 알게 된 후
그대를 향한 나의 사랑 어쩌면 좋단 말인가!

아우슈비츠 수용소
독가스가 흐르는 밀실에서
그대 가슴은 죽음의 서식지가 되었다.
내가 다른 사람들의 몸 속에 불어넣는 숨결은
결코 그대의 것이 아니어라.

우리가 들여 마시고 빨아들여야 하는
모든 숨결은 결코 그대의 것이 아니어라.
살과 피와 뼈에
차곡차곡 쌓여 가는 그 모든 것이
우리의 명줄을 틀어쥔 얼굴 없는 존재일 뿐.
이제는 그 숱한 것들의 재료,
독한 납덩이와 향수의 재료가 되어버린 공기여.

그대가 바람 한 점 없이
악몽처럼 희뿌연 연기덩어리로
도시의 지붕 위에 걸려 있을 때,
마른 기침 토해내는 병자들
가슴을 쥐어뜯으며 그대를 애타게 찾을 때,
순결한 그대여
그대의 청순함에 대해
짙어만가는 의심을 어찌하랴.
내가 다른 이들의 몸 속에 불어넣는 숨결은
결코 그대의 것이 아니어라.

공기를 보살피고 정화하려는
법률과 정책이 시행된다 하여도
영혼이요 정신이었던 그대, 호흡이요 숨결이었던 그대가
옛 모습으로 다시 태어나려면 그대에겐
얼마나 많은 대가(對價)가 필요할 것인가.

공기여, 후덥지근한 훈향초(薰香草)와
나무결의 향기를
소용돌이치듯
내게로 휘몰아 오는 정오에
뙤약볕을 안고 춤을 추듯
무너져 내리는 그대.

나의 삶에
그대 말고
무엇이 또 소중하랴.

* 「공기/ Luft」: 1980년에 발표된 시. 엘케 외르트겐의 '세 가지 원소(元素)' 시편 중의 하나이다. 1981년 생태 엔솔로지 『직선들의 폭풍우 속에서. 독일의 생태시 1950－1980』 제2장 '세 가지 원소. 물・공기・흙' 편에 수록되었다. '공기'는 인간의 몸 속에 '숨결'을 불어넣는 모태(母胎)와 같다. 시인은 잿빛으로 변해 가는 '공기'의 얼굴을 묘사함으로써 인간과 모든 동식물에게 다가온 생존의 위기를 경고하고 있다. '공기'를 향한 시인의 사랑 고백은 현대인들의 망각 속에서 '공기'의 절대적 위치를 일깨우는 감동의 각성제로 작용한다. 시인의 말처럼 '공기가 옛 모습으로 다시 태어나려면'

인간은 '공기'를 위해 어떤 대가를 지불해야 하는가? 친환경적 법률과 정책보다 더욱 시급한 것은 '공기'를 인간의 핏줄 속에 흐르는 생명의 숨결로 인정하고 분신(分身)처럼 소중하게 여기는 일이다.

근원의 푸른 빛이 죽음의 검은 빛으로
― 한스 카스퍼의 「보쿰」

한스 카스퍼

보쿰. 우리가 쌓아올린
부(富)의 연기가
공기를
오염시킨다.
해마다 사람의 가슴 속엔
세 통씩
매연이 쌓인다.
그러나 생산의 수치밖에 모르는
전자형(電子形) 두뇌는
한 치의 오차도 없이
증명해 내리라.
죽은 자들은
숨쉬는 법을 몰랐으며,
더욱 잘못된 것은
지나치게
숨을 몰아 쉬었기 때문이라고.

*「보쿰/ Bochum」: 1955년에 발표된 시. 대도시의 환경오염을 고발하는
한스 카스퍼의 연작시 「뉴스」 중의 한 편이다. 그의 시집 『뉴스와 기사』
(1957)에 처음 수록된 후, 1981년 생태 엔솔로지 『직선들의 폭풍우 속에서.

독일의 생태시 1950-1980』 제2장 '세 가지 원소. 물·공기·흙' 편에
재수록 되었다. 공기는 인간을 포함한 모든 생물들에게 숨결을 불어넣어
주는 생명의 근원이다. 그러나 '생산의 수치밖에 모르는' 자본주의 사회의
메커니즘은 근원의 푸른빛을 죽음의 검은 빛으로 변색시킨다. 자본주의 사
회의 메커니즘은 인간을 부(富)를 쌓기 위한 기계로 전락시켜 황금의 소돔
성을 향해 전력질주를 강요한다. '전자형 두뇌'만을 요구하는 조직사회 속
에서 휴식과 여유를 갖는 것은 경쟁에서의 도태를 의미한다. 주변 세계와
의 조화, 즉 인간 상호간의 신뢰는 물론이요 자연과 인간의 상생조차도 물
질적 목표를 위해 우선순위를 양보해야 한다. 인간도 자연도 필요에 따라
기꺼이 도구로써 기능해야 하는 것이다. 이러한 사회의 병리 현상이 생명
의 파괴를 유발하는 원인임에도 불구하고, 생명의 파괴에 대한 책임을 개
인의 문제로 치부해버리는 자본주의 사회의 집단논리가 비애감을 자아낸다.

어머니가 받은 저주의 보상
― 로제 아우스랜더의 「마지막 어머니」

로제 아우스랜더 1907년 체르노비츠 출생. 주요 시집으로 『무지개』
(1939), 『재만 남은 여름』(1978), 『동의』(1980) 등이 있다.

물과 피를 받고 태어났지만
대도시의 원시림 속에서
길들여진 당신

문명의 칼에 동강난 채
정글은
또다른 정글과 경계를 이루었다

빛의 꼭대기를 날아다니다가
독(毒)의 강물 속에서 허우적대는

마지막 어머니여
공기여
우리는 당신의 목숨을 앗아가노라

*「마지막 어머니/ letzte Mutter」: 1981년 생태 엔솔로지 『직선들의 폭
풍우 속에서. 독일의 생태시 1950-1980』 제2장 '세 가지 원소 물·공기
·흙' 편에 수록되었다. 대도시를 진원지로 하여 파급되어 가는 대기오염

의 실태를 고발하고 있다. 이 시에서 '공기'는 '마지막 어머니'로 호명된다. '공기'는 인간에게 생명을 부여하는 원천인 까닭에 '어머니'에 비유된 것이다. 그러나 '마지막'이라는 말에서 드러나듯, '공기'는 죽음을 향해 다가가고 있다. 시인은 '칼에 동강나듯' 구획이 정해진 빌딩 숲을 대도시의 '원시림'이자 '정글'이라 명명하고 있다. '공기'는 이러한 문명의 숲 속에서 '길들여졌다'. 맑은 햇빛 속으로 날아가지 못하고 전광판에서 내뿜는 인공적인 '빛의 꼭대기'를 떠돌고 있다. 지상으로 내려온다고 해도 '독(毒)의 강물' 속을 헤엄치며 숨이 막혀 죽어갈 뿐이다. 바로 우리들이 기계문명의 파괴력을 통해 '어머니'와 다름없던 '공기'의 목숨을 앗아간 것이다. 그 대가는 무엇인가? 이제 '공기'는 인간에게 생명의 숨결을 베푸는 것이 아니라 유해한 독성을 선사하고 있다. 인간으로부터 받았던 독배(毒杯)를 고스란히 인간에게 되돌려주고 있다.

진정한 의무
― 한넬리스 타샤우의 「마실 수 있는 공기」

한넬리스 타샤우 1937년 독일의 함부르크 출생. 시와 산문 외에도 다수의 희곡과 방송극본을 발표하였다. 주요 시집으로는 『뒤얽힌 노선』(1959), 『마실 수 있는 공기』(1978), 『이중적 삶』(1979) 등이 있다.

숲이 가정집 문 앞에까지
무성히 펼쳐지는
스웨덴의 델라리 지역엔
셀룰로오스의 독한 냄새가 코를 찌른다.
유한회사와 합자회사가
새들을 몰아내버렸고
나무들은 시름시름 죽어가며
호수는 목숨을 잃고 까맣게 타버렸다.
정원의 알록달록한 의자 위엔
아무도 앉지 않는다.
모두들 잘 꾸며놓은 개인주택 안에서
창문을 꽁꽁 걸어 잠그고 앉아 있다.
그들을 고용한 장본인은 유한회사와 합자회사였다.

델라리에 사는 아들 딸들은
자녀보호의 의무를 저버렸다는 이유로
부모를 고소하고 있다.

먹여주고 입혀주며

추위와 비로부터 그들을 보호하여

안전히 학교에 보내는 것만이 부모의 의무가 아니라,

마시는 공기(空氣)를 염려하고

자녀의 미래를 걱정하는 것도

모름지기 부모의 의무가 아니냐는 불평에 대하여

유한회사와 합자회사에서 일하는 부모들은

눈 하나 깜짝하지 않았던 것이다.

이같은 시비에 대해

곧 판결이 내려져야 할 것이다.

*「마실 수 있는 공기/ Luft zum Atmen」: 1977년에 발표된 시. 한넬리스 타샤우의 시집 『마실 수 있는 공기』(1978)에 처음 수록된 후, 1981년 생태 엔솔로지 『직선들의 폭풍우 속에서. 독일의 생태시 1950−1980』 제2장 '세 가지 원소. 물·공기·흙' 편에 재수록 되었다. 마음 놓고 '마실 수 있었던' 공기가 더 이상 마실 수 없는 '공기'로 변해버린 위기상황의 심각성이 증폭되고 있다. 시인은 스웨덴의 삼림지대에서 발생했던 대기오염의 사건을 독자에게 보고하면서 생태파괴의 현장을 고발하고 있다. 그는 '셀룰로오스'의 독성(毒性)으로 인해 오염된 '공기'가 인간의 생명을 앗아가고도 남을만한 파괴력을 지녔다는 것을 폭로하고 있다. 르뽀르따즈의 언술방식을 통해 객관적 사실만을 재생하고 있기 때문에 전통적 자연시 혹은 서정시에서 볼 수 있는 비유, 상징, 암시 등이 결여되어 있다. 이 시에서 미학적 효과를 기대하기 어려운 것은 시인이 견지하는 교육 목적에 기인한다. 문학 작품에서 미학적 기교가 우세할수록 현실은 은폐되고 왜곡될 수 있는 가능성을 갖게 된다. 시인은 이러한 부정적 결과를 예방하고 생태파

괴의 현실과 그 사회적 원인을 독자에게 인식시키려는 의도로 미학적 언어
들을 절제하고 있는 것이다.

예기치 못한 만남

－ 노르베르트 무스바허의 「도시에서의 굴착작업」

노르베르트 무스바허 1926년 오스트리아의 올러스바흐 출생. 『밝은 문』
(1973), 『결정화(結晶化)』(1980) 등의 시집을 비롯해 엔솔로지와 계간지에
다수의 시를 발표하였다.

많은 사람들이 화를 낸다.
그러나 속으로는 반가워한다.
아스팔트
아래에
흙이 있을 줄이야!

*「도시에서의 굴착작업/ Aufgrabungen in der Stadt」: 1974년에 발표된
시. 1981년 생태 엔솔로지 『직선들의 폭풍우 속에서. 독일의 생태시 1950
－1980』 제2장 '세 가지 원소. 물·공기·흙' 편에 재수록 되었다. 도시
인들은 '아스팔트'를 지나가면서 '굴착작업'의 현장을 자주 목격한다. 보행
에 방해를 받기 때문에 '화를 내는' 사람들이 많다. 그러나 얼굴을 찌푸리
던 도시인들도 굴착기(掘鑿機)로 파헤쳐진 '흙'이 아스팔트 위에 쌓여 있는
것을 보고는 마음이 누그러진다. 회색의 아스팔트를 밝게 빛내주는 싱싱한
흙을 '반가워한다'. 그들은 빌딩과 기계 속에 갇혀 자연으로부터 단절된 삶
을 살아왔던 까닭에 마치 잃어버린 고향을 다시 찾은 듯한 감회에 젖는다.
시인은 생활의 불편을 못 견뎌하면서도 자연의 소중함을 알고 있는 도시인
들의 이중성을 고발함과 동시에 그들의 마음 한 구석에 자리 잡고 있는 향

수(鄕愁)를 자극하고 있다.

사람은 대지의 손님

— 엘케 외르트겐의 「대지」

엘케 외르트겐

한 평생 동안 우리는
대지의 손님입니다.
대지는 우리를 길러주고 품어주다가
죽음의 품 속에 우리를 거두어갑니다.
대지로 돌아가서 먼지가 되는
위대한 변화.
사랑스레 대지를 받들어야할 까닭이
주인의 권리를 존중해야할 까닭이
바로 여기 있습니다.
우리가 지닌 이 대지는
단 하나 뿐이니까요.

우리는 대지의 살점을 도려내고,
대지의 피부로부터 털을 깎듯
숲을 베어냅니다.
더구나 구멍 숭숭한 상처 속에
아스팔트를 메꾸어 숨통을 틀어막지요.

어느새 우리는 대지의 주인이 되었습니다.
인정이라곤 털끝만큼도 없는 강도가 되어

밤낮 구별 없이
대지를 약탈하고 있습니다.
우리는 이성을 잃어버린 도굴꾼이었습니다.
물고기와 물새들이
기름에 덮여
목숨을 잃듯이,
오염된 물과 흙
독(毒)이 밴 바람을 마시며
대지 역시 절명할 수 있습니다.
대지의 말을 알아들었던
聖 프란체스코는
대지 위의 피조물들을 형제라 불렀답니다.

이제 대지의 기억 속에
남아 있는 것이라곤,
우리가 그와 그의 피조물들에게
저지른 짓거리일 뿐.

우리에게 남아 있는 것은
대홍수뿐입니다.

*「대지/ Erde」: 1980년에 발표된 시. 1981년 생태 엔솔로지 『직선들의 폭풍우 속에서. 독일의 생태시 1950 - 1980』 제2장 '세 가지 원소. 물·공기·흙' 편에 수록되었다. 시인은 인간의 역사를 비판적으로 회고하고 있다. 인간의 역사는 '대지'에 대한 끊임없는 착취와 '약탈'로 점철되어 왔으

며 이러한 인간의 폭력 때문에 '대지'는 '절명'의 나락으로 떨어지고 있다는 것이다. 무절제한 수탈을 자제하고 죽어 가는 '대지'의 생명을 살려내는 일에 힘을 기울이지 않는다면 인간에게 돌아올 보상은 노아의 '대홍수'와 같은 파멸뿐임을 시인은 모든 현대인들을 향해 경고하고 있다.

생명 없는 모상(模像)의 세계
― 브리기테 뢰트거스의 「아름다운 신세계」

브리기테 뢰트거스 1943년 독일의 쾰른 출생. 문예지와 라디오 방송에 다수의 시를 발표하였다.

햇빛은 일정하게 쏟아지고
구름은 하늘의 주형(鑄型)처럼 찍혀 있는 나라
나무와 관목은 목록에 따라 배치되고
풀과 꽃이 실제처럼 피어있는 나라
이들의 향기는
둥그런 방향(芳香) 통에서
하나씩 번갈아 가며 흘러나온다
비와 폭풍도
사람의 소환을 받으면
당연히 창고에 저장되는 나라

*「아름다운 신세계/ Schöne, neue Welt」: 1976년에 발표된 詩. 1981년 생태 엔솔로지 『직선들의 폭풍우 속에서. 독일의 생태시 1950－1980』제3장 '아름다운 신세계'편에 수록되었다. 현대인들은 안락한 생활공간을 조성하기 위해 끊임없이 자연을 가공해왔던 까닭에 도시 안에서 실제 그대로의 자연을 찾아볼 수 없게 되었다. 현대인들은 '풀', '꽃', '나무'의 모조품들을 생산하고, 이러한 모조품으로써 자연을 대체할만한 '아름다운 신세계'를 건설하였다. 그러나 '아름다운 신세계'는 생명이 없는 모상(模像)들의

세계에 불과하다. 자연을 향한 현대인의 그리움과 향수가 이 모상의 세계 속에서 점점 마비되고 있음을 시인은 안타깝게 여긴다.

최면의 유희

― 루드비히 펠스의 「설비」

루드비히 펠스 1946년 독일의 트로이히트링엔 출생. 시 이외에 소설의 창작에도 몰두하였다. 대표적 시집으로 『각성』(1975)이 있다.

너는 숲이 그려진 벽지를 벽에다 바르고
나는 발정난 숫사슴의 소리를 흉내낸다.
너는 분무기로 전나무 향기를 뿌려대고
나는 이끼 덮인 보료에 바람을 불어넣는다.
너는 녹음기로 새소리를 불러내고
나는 플라스틱 꽃에 물을 준다.

아직 우리가 망설이는 것은
새끼노루를 박제하는 일이다.

* 「설비/ Einrichtung」: 1975년 루드비히 펠스의 시집 『각성』에 처음 수록된 후, 1981년 생태 엔솔로지 『직선들의 폭풍우 속에서. 독일의 생태시 1950－1980』 제3장 '아름다운 신세계' 편에 재수록 되었다. 시적 화자(詩的 話者)는 인간이 자연과 조화를 이룰 수 없는 상태에 이르렀음을 알고 있다. 인간의 생활공간 내에서 원초적 자연은 더 이상 존재하지 않는다는 것이 그의 인식이다. 그럼에도 불구하고 그는 자연을 향한 그리움을 버리지 못하기 때문에 인공적인 환경을 조성하여 자연의 가상(假像)을 창조해낸다. 자연의 실체로부터 단절된 채, 자연의 가상만으로 정서의 결핍을 해

소하고자 안간힘을 쓰는 화자의 노력이 쓰디쓴 웃음을 자아낸다.

내버려 두는 지혜

— 루드비히 펠스의 「자연」

루드비히 펠스

나의 친구들이 말하기를, "우리가
집을 지을 곳은 바로 여기"라고 하더군요.
그들의 땅에선 소들이 풀을 뜯고
토끼풀밭에선 꽃들이 피어나고 있지요.
그들은 말하기를
"맑은 공기와 숲, 언덕과 들판
모든 것이 자연 그대로이니
우리가 살아갈 곳은 여기"라고 하더군요.

나는 말한답니다
"물론 자네들만 없다면
모든 것이 자연 그대로 남아 있을 것"이라고.

*「자연/ Natur」: 1975년에 발표된 시. 루드비히 펠스의 시집 『각성』
(1975)에 처음 수록된 후, 1981년 생태 엔솔로지 『직선들의 폭풍우 속에서.
독일의 생태시 1950-1980』 제3장 '아름다운 신세계' 편에 재수록 되었다.
시인은 '숲, 언덕, 들판'을 있는 그대로 내버려둘 때만이 자연의 아름다움과
생명력을 보존할 수 있다고 말한다. 따라서 그는 "이곳에 집을 짓겠다"는
친구들의 호언을 비판적 시각으로 바라본다. 시인은 '숲, 언덕, 토끼풀밭'을
소유하려는 욕망이 자연의 파괴와 타락을 가져온다고 믿기 때문이다.

들리지 않는 초록의 노래

− 엘케 외르트겐의 「새로운 거주지」

엘케 외르트겐

콘크리트에 맞서서는
잡풀 한 가닥 자라지 않는다.
이끼 없는 이음새 사이에서
여름은 껍질만 남은 삶을
이어가고 있다.
사람들이 아이들의 목소리를
잘라내자마자
움츠러드는 아이들은
곧 아무 소리도 없다.

*「새로운 거주지/ Neue Siedlung」: 1978년에 발표된 시. 1981년 생태엔솔로지 『직선들의 폭풍우 속에서. 독일의 생태시 1950−1980』 제3장 '아름다운 신세계' 편에 수록되었다. 시인은 '콘크리트'로 풀과 나무를 덮어버리는 행위를 '아이들의 목소리를 잘라내는' 것과 같다고 말한다. '아이들의 목소리'는 자연의 생명력을 의미한다. 물론 그 '목소리' 속에는 인간의 숨결이 흐르고 있다. 자연과 인간은 보이지 않는 생명의 핏줄로 이어져 있기 때문이다. 그렇다면 시인의 말대로 자연을 파괴하는 행위가 인간에게 '껍질만 남은 삶'을 가져올 것은 자명해진다.

시는 자연의 대변자

― 위르겐 베커의 「자연은 詩」

위르겐 베커 1932년 독일의 쾰른 출생. 누보로망의 작가로 알려져 있을 만큼 다수의 소설을 발표한 바 있다. 주요 시집으로는 『눈(雪)』(1971), 『풍경화의 끝』(1974), 『전쟁 얘기는 꺼내지도 마오』(1977), 『시집 1965 − 1980』(1981) 등이 있다.

집 가까이에 있는
민둥산, 자갈 무더기, 움푹 패인 곳을 보면
내겐 떠오르는 것이 있다―
전혀 새롭지 않은 자연, 망가진 자연이.
그러나 한 그루 잡목이 남아 있는 한
나는 기꺼이 그것을 잊으리라.

*「자연은 詩/ Natur − Gedicht」: 1971년에 발표된 시. 1974년 위르겐 베커의 시집 『풍경화의 끝』에 처음 수록된 후, 1981년 생태 엔솔로지 『직선들의 폭풍우 속에서. 독일의 생태시 1950 − 1980』 제3장 '아름다운 신세계' 편에 재수록 되었다. 시인은 자신이 살고 있는 마을에서 생태파괴의 현실을 확인하고 있다. 시인의 눈앞에 펼쳐진 풍경은 철저히 '망가진 자연'의 현장이다. 그러므로 자연 풍경 속에 개인의 주관과 감정을 이입하는 것이 무의미해진다. 시인은 자연의 죽음을 목격하는 공동체의 일원으로서 동시대의 사회를 향해 객관적 증언만을 들려줄 뿐이다. 자연의 아름다움을 드높여주던 서정시의 언어는 이제 자연의 피해상황을 고발하고 증명하는 목

격자의 언어로 대체되었다. 나무들의 뿌리가 뽑힌 자리에 가득 쌓아놓은 '자갈 무더기'와 '움푹 패인 민둥산'은 더 이상 부정할 수 없는 도시인들의 현실이기 때문이다. '자연'은 생태파괴의 현실을 숨김없이 고백해주는 증인이 되었고, 시는 이 증인의 고백을 독자에게 여과 없이 전해주는 메신저가 되었다. 그러므로 '생태시'에서 자연과 시는 부패한 현실을 비추어주는 동일한 거울이라 할 수 있다. 현대의 시는 간접적 매개 없이 자연의 실상을 있는 그대로 재생하여 독자에게 직접 전달해주는 과제를 갖게 된 것이다.

잃어버린 풍경, 사라지는 낱말들

— 위르겐 베커의 「개인영역」

위르겐 베커

이 빗줄기는 그칠 기미가 없어. 잔디는 쑥쑥
잘도 자라겠군
        — 아니야, 잔디는
쑥쑥 자라지 않아
        암 아니구 말구, 부정할 수 없는 것은
숲 속
   모퉁이에 있는
전기톱과 파이프라인이야.
         비. 잔디. 숲
            아름다운
풍경을 위한
   아름다운 낱말들은 — 아니야,
이젠 부정할 수 있는 것들이라구.

* 「개인영역/ Privatbereich」: 1974년 위르겐 베커의 시집 『풍경화의 끝』
에 처음 수록된 후, 1981년 생태 엔솔로지 『직선들의 폭풍우 속에서. 독일
의 생태시 1950 – 1980』 제3장 '아름다운 신세계' 편에 재수록 되었다. '잔
디가 쑥쑥 자라지 않을' 정도로 자연은 생명력을 잃어가고 있다. 이런 상황
하에서 자연의 '아름다운 풍경'을 노래하는 것은 불가능한 일이다. 시대의

변화 양상을 고려하지 않고 낙관적으로 자연의 아름다움을 예찬하는 언술 방식을 답습해나갈 때, 시는 독자에게 생태파괴의 현실을 은폐하고 독자의 현실인식을 마비시키는 역기능을 나타낼 수 있다. 따라서 생태시인들은 자연파괴의 실상을 객관적으로 실증할 수 있는 낱말들을 시의 언어로써 사용하게 되었다. 자연의 아름다움을 대변해왔던 '비. 잔디. 숲'과 같은 것들은 생태시에서 마땅히 '부정할 수 있는' 낱말들이 된다. 더 이상 자연에 대한 낙관론을 주장할 수 없는 시대에 직면했기 때문이다. 그러나 이와 대조적으로 '전기톱', '파이프라인'과 같은 사물들은 생태시에서 더 이상 '부정할 수 없는' 낱말들이다. 이러한 사물들은 자연환경의 파괴를 유발하여 생명공동체의 존립을 위협하는 요인이 되기 때문이다.

중요하고 고귀한 존재

― 한스 위르겐 하이제의 「약속」

한스 위르겐 하이제 1930년 독일의 부블리츠 출생. 시, 에세이, 문학비
평, 번역 등의 분야에서 많은 저작물을 남겼다. 대표적 시집으로 『새로운
초원의 징후』(1961)가 있다.

잡초여
모든 사람들이
장미만을 사랑스러워하는
이 시대에
나는 너를 돌보는 산지기가 되리라

*「약속/ Versprechen」: 1959년에 발표된 시. 1961년 한스 위르겐 하이제
의 시집 『새로운 초원의 징후』에 처음 수록된 후, 1981년 생태 엔솔로지
『직선들의 폭풍우 속에서. 독일의 생태시 1950－1980』 제3장 '아름다운
신세계' 편에 재수록 되었다. 한스 위르겐 하이제는 인간을 포함한 모든 종
(種)들이 동등한 생존권을 갖고 있다는 생태주의적 사고방식을 통해 인간
과 자연의 수직관계를 수평관계로 돌려놓고자 했다. 시인은 모든 동식물이
고유한 생명을 지니고 있다는 사실만으로도 인간과 평등하다는 것을 노래
하고 있다. 그에게 있어서 생존권의 경중(輕重)을 저울질할 수 있는 척도는
인간의 이성, 언어, 문화 같은 것이 아니었다. 생물들의 존재가치를 가늠하
는 유일한 척도는 모든 생물 속에 간직되어 있는 생명 그 자체일 뿐이었
다. 천부인권보다 천부생명권(天賦生命權)을 더욱 존중하는 시인의 생태주

의적 사고방식은 인간이 동식물과 함께 생명공동체의 동반자로서 살아가는 상생(相生)의 의식을 보편화시킬 수 있는 정신적 동력이 되고 있다. 인간에 의해 사소하고 하찮은 존재로 취급되어 왔던 '잡초'한 가닥이 그의 작품 속에서 인간처럼 중요하고 고귀한 존재로 상승하고 있기 때문이다.

더 좋은 풍경을 위하여
― 한스 위르겐 하이제의 「그들은 동산을 허문다」

한스 위르겐 하이제

동산을 허물어 납작하게 만들고
바람을 붙잡아 가둔다 이러한 사물들이
그들에겐 더 이상 필요 없다

대신에 그들은
더 좋은 풍경을 짜 맞춘다
쇠붙이로 덮인 풀밭을

*「그들은 동산을 허문다/ Sie ebnen die Gärten ein」: 1960년에 발표된 시. 1981년 생태 엔솔로지 『직선들의 폭풍우 속에서. 독일의 생태시 1950 ─1980』 제3장 '아름다운 신세계' 편에 수록되었다. 시인은 개발사업을 통해 자연이 도시로 변해 가는 과정을 묘사하고 있다. '동산'은 허물어져 택지와 산업지대로 변하고, 들판에서 자유로이 뛰놀던 '바람'은 사각형의 빌딩들에 막혀 더 이상 달려가지 못한다. 잡초가 거침없이 자라나야 할 '풀밭'은 쇠붙이의 옷을 입은 기계들로 점점 무성해진다. '그들'은 자연을 도구 혹은 물건으로 취급하는 모든 현대인들을 지칭한다. '그들'에게는 초록의 향기로 가득한 '동산'이나 '풀밭'보다는 쇠붙이의 냄새로 가득한 빌딩의 숲이 '더 좋은 풍경'이라 생각된다. '이러한 사물들이 그들에겐 더 이상 필요 없다'는 발언에서도 알 수 있듯이, '동산'과 '풀밭'은 '쇠붙이로 덮인' 도시의 '풍경'을 조성하는 일에만 필요할 뿐이다. '그들'에게 있어서 '동산'과

'풀밭'은 생명을 지닌 존재가 아니라 인간의 물질적 번영을 위해서 기능해야 하는 도구와 수단에 불과하기 때문이다.

사회의 모순이 전나무를 쓰러 뜨린다

― 에리히 프리트의 「새로운 자연시」

에리히 프리트 1921년 오스트리아 비인 출생. 1988년 사망. 1960년대 이후 독일어권 지역의 대표적 정치시인으로서 활동해왔다. 동독의 사회주의 체제의 허구성을 고발하고, 베트남 전쟁을 유발한 서구세계와 이에 동조하는 서독 정부를 비판하며, 반전(反戰)과 반핵(反核)의 메시지를 호소하여 제3세계에 대한 서구세계의 지배 행위를 비판하는 등, 그의 정치시에 나타난 비판의식은 독일어권 지역의 사회현실에 제한되지 않고 범세계적인 범주로 확대되었다. 프리트는 자연파괴와 사회현실 간의 연관성에 관한 주제를 정치시의 영역으로 수용하여 독일어권 지역의 문단에 '생태시'의 장르적 입지를 확고히 정착시킨 시인으로 평가받고 있다.

이 사회의 모순들에 관해 이야기하는
시(詩)만을 언제나 짓는 것이
단조로우리라는 것을 그는 알고 있다
그는 차라리 아침의 전나무들에 대하여
써야 한다는 것을 알고 있다
따라서 그에게는 주제를 부득이하게도 바꾸는 것과
아침녘 전나무들에 관해 쓰려고 하는
자신의 계획에 대한
시(詩) 하나가 곧 떠오른다

그러나 정말이지 그가 아침 일찍 일어나

아침녘 전나무들에게로 차를 몰고 가서
전나무를 보고 향기를 맡는다 해도 그에게 무엇이 생각날까?
아니면 차를 몰고 가는 중에 그는 이런 생각으로
사로잡히지나 않았을까:
"우리가 그리로 가보면
전나무들은 이미 넘어져 있을 거야
톱밥과 나무조각들과 떨어진 바늘잎들 사이
모래구덩이 위에 가지가 잘린 채 널부러져 있을 거야
어느 투기꾼이 땅을 사버렸기 때문이지

그것은 물론 슬픈 일이겠지
그렇지만 송진 냄새는 더욱 코를 찌를 테고
톱질한 누런 나무 그루터기 위에 아침 햇살은
더더욱 밝게 비치겠지 나무줄기가 더 이상
햇빛을 차단하진 않을 테니까. 그래
이것은 스스로 체험한 새로운 인상이 될 것이며
이 사회를 고발하는
시(詩)로서
충분하고도 남을 거야."

*「새로운 자연시/ Neue Naturdichtung」: 베를린에서 발간된 에리히 프
리트의 시집 『새로운 자연시』에 처음 수록된 후, 1981년 생태 엔솔로지 『직
선들의 폭풍우 속에서. 독일의 생태시 1950-1980』 제3장 '아름다운 신세
계'편에 재수록 되었다. 자연의 아름다움과 생명의 숨결을 향유하고 싶은
것은 인간의 본능적 욕구이자 개인주의적 권리이다. 문제가 되는 것은 이

러한 개인의 권리가 사회의 구조적 모순으로 인하여 억압당하고 있다는 점이다. 따라서 에리히 프리트는 자연을 도구로 취급하는 물신주의(物神主義)를 비판할 뿐만 아니라 개인과 자연의 조화로운 만남을 단절시키는 체제와 권력에 대해서도 저항하였다. 베르톨트 브레히트의 시에서도 드러난 것처럼, 자연의 아름다움을 향유하려는 개인주의적 권리를 실현하기 위해서는 이것을 제약하는 독재권력이나 사회의 모순에 대해 저항하는 행위가 불가피한 것이다.

무너지는 사랑
— 루드비히 피엔홀트의 「풍경」

루드비히 피엔홀트

나는 사랑하노라 살충제를 가득 뿌려놓은

저 윤기 흐르는 푸른 풀밭을.

거품 끓는 골짜기 개울물이

기름에 젖어 졸졸 흐르는 소리를.

몰아치는 탄산가스에

으스러진 보리밭을.

그리고 바싹 말라버린

독일 떡갈나무가

우드득 갈라지는 소리를.

*「풍경/ Landschaft」: 1973년에 발표된 시. 루드비히 피엔홀트의 시집 『
문학노트』(1973)에 처음 수록된 후. 1981년 생태 엔솔로지 『직선들의 폭풍
우 속에서. 독일의 생태시 1950–1980』 제3장 '아름다운 신세계' 편에 재
수록 되었다. 시인은 각종 화학약품으로 오염된 '풀밭'과 '골짜기 개울물'을
'사랑한다'고 말한다. 그는 '보리밭이 으스러지는' 모습과 '떡갈나무가 갈라
지는' 소리까지도 사랑한다고 단언한다. 가사상태에 빠진 자연이 어떻게 사
랑스런 존재가 될 수 있을까? 시인의 발언은 사랑의 고백이 아니다. 아름
다움과 생명력을 빼앗긴 자연을 바라보면서 안타까운 심정을 반어적으로
노래한 것이다. 살아있는 자연풍경을 더 이상 찾아볼 수 없게 되었다는 현
실인식이 시인의 자조적(自嘲的) 고백을 낳았다고 볼 수 있다.

만물을 변화시키는 손

― 한스 위르겐 하이제의 「징후」

한스 위르겐 하이제

어제 우리는 마지막 남은 늑대들을 쏘아 죽였다
이제 들판은 영영 정복된 셈이다
사과나무도 잔디도 우리의 것이 되었고
세상은 온통 정원으로 변해가리라

우리는 머리 속에 그려본다

집 밑에
들쥐들이 모여 사는
새로운 초원의
징후를

*「징후/ Vorboten」: 1959년에 발표된 시. 1961년 한스 위르겐 하이제의
시집 『새로운 초원의 징후』에 처음 수록된 후, 1981년 생태 엔솔로지 『직
선들의 폭풍우 속에서. 독일의 생태시 1950-1980』 제3장 '아름다운 신세
계' 편에 재수록 되었다. 시적 화자인 '우리'는 '들판'을 정복의 대상으로,
'사과나무'와 '잔디'를 소유물로 취급하고 있다. 화자는 들판에서 '늑대들'을
몰아내고 '들쥐들'의 자유로운 터전 위에 '집'과 빌딩들을 세우는 것을 너
무도 당연하게 여긴다. 자연을 소유하고 개발하는 행위가 당연한 관행처럼
생각되는 것은 인간의 우월의식이 작용하기 때문이다. 한스 위르겐 하이제

는 화자인 '우리'의 의식 속에 고정관념처럼 자리잡은 자연과 인간의 불평
등을 반성함으로써 자연을 소유하는 행위가 생태파괴를 야기시킨다는 메시
지를 전해준다.

죽음을 기르는 자궁

― 랄프 테니오르의 「어머니와 아이」

랄프 테니오르 1945년 독일 쉴레지엔 지방의 바트 쿠도바에서 출생. 대표적 시집으로 『서글픈 만세 소리』(1977)가 있다.

아기를 밴 어머니가 불에 구운 소시지를

매운 양념에 버무려 먹고 있다

기름 범벅의 종이 봉지에 싸서

마요네즈와 케찹을 곁들여 먹고 있다

그 후 어머니는 담배를 흠뻑 빨아들이고

연기를 깊숙히 아주 깊숙히 들여 마신다

텔레비젼에서 반짝이며

새어나오는 푸른 불빛이

그녀의 눈 속에 흘러들어

아직 태어나지 않은 아기에게로 떨어진다

*「어머니와 아이/ Mutter und Kind」: 1971년에 발표된 시. 1981년 생태 엔솔로지 『직선들의 폭풍우 속에서. 독일의 생태시 1950－1980』 제3장 '아름다운 신세계' 편에 수록되었다. 환경오염의 진원지는 특정 지역에만 국한된 것이 아니다. 기형아를 출산하는 현상은 공장지대와 산업시설의 주변 지역에서만 발생하는 것으로 알려져 왔다. 그러나 요즘은 생명을 위협하는 요인들로부터 가장 안전한 방어막이 되어야 할 우리의 가정조차도 오히려 인체를 해치는 요인들을 길러내고 있다. 독한 담배연기, 텔레비젼과

컴퓨터의 전자파는 산모의 몸속으로 흘러 들어가서 면역성 없는 태아에게 납덩이처럼 쌓인다. '아직 태어나지 않은 아기'가 출생 이후에 건강한 사람으로 성장할 수 있을 지는 아무도 보장할 수 없다. 충분히 제어할 수 있었던 위험 앞에 무방비 상태로 노출되어 있었기 때문이다.

사과의 환영(幻影)
― 힐데가르트 볼게무트의 「귀로」

힐데가르트 볼게무트 1917년 독일의 반네―아이켈 출생. 『새로운 공업 문학』(1965), 『누구를 장미에게 보내야 하는가』(1971) 등의 시집을 비롯해 다수의 단편소설을 발표하였다.

지평선의 나무는
은백색 과일들을 옷처럼 입었고
추수꾼들은
방독의(防毒衣)를 입고 있다

때 이른 죽음의
노래가 흐를 때
어김없이 비쳐드는
아침 노을

태양을 갈망하던 추수꾼들
구름처럼 자욱한 독가스에 갇혀
여느 때처럼 빈 손으로
발길을 돌린다

잘 익은 사과를 찾아서

*「귀로/ Rückweg」: 1978년에 발표된 시. 1981년 생태 엔솔로지 『직선들의 폭풍우 속에서. 독일의 생태시 1950 - 1980』제3장 '아름다운 신세계' 편에 수록되었다. 시인은 농촌 지역의 환경오염 실태를 고발하고 있다. 인근의 공장지대로부터 바람에 실려오는 독가스는 농토를 잠식하여 구름처럼 두터운 층을 형성한다. 독가스를 마시고 자라난 '과일들'은 여름 내내 '은백색'의 창백한 입술로 '때 이른 죽음의 노래'를 부르고 있다. 추수할 시기가 되었음에도 불구하고 '여느 때처럼 빈 손을 털며 발길을 돌리는' 농민들. 그들의 희망조차도 독가스의 자욱한 연기에 갇혀 질식해가고 있다. '잘 익은 사과'의 환영(幻影)처럼.

팽창하는 독(毒)
― 하인츠 쉬네바이스의 「그녀는」

하인츠 쉬네바이스 1930년 독일의 브레겐츠 출생. 현재 네덜란드에 거주
하고 있다. 주요 시집으로 『지구 반대편 사람의 비망록』(1968), 『오직 그
렇게만』(1974) 등이 있다.

그녀는
아직 씻지 않은
배
한 개를 먹었다
그녀의
아랫배가
부풀었다
그녀의
두 팔이
퉁퉁 부어 올랐다
그녀의
두 다리가 부풀었다
그리고
　　세포들이
　　　　떨어져 나갔다
　　　　　　뿔뿔이 흩어지는
　　　　　　　　솜털 나부랭이

같았다

*제목이 없는 작품이므로 첫 행의 '그녀는'을 가공의 제목으로 설정하였다. 이 시는 1974년 하인츠 쉬네바이스의 시집 『오직 그렇게만』에 처음 수록된 후, 1981년 생태 엔솔로지 『직선들의 폭풍우 속에서. 독일의 생태시 1950-1980』 제3장 '아름다운 신세계' 편에 재수록 되었다. 시인은 자연을 파괴한 대가로 감수해야만 하는 인체의 파멸 과정을 묘사함으로써 생명에 대한 경각심을 일깨운다. 농약으로 오염된 흙은 과일 뿐만 아니라 인간의 몸까지도 병들게 한다. 과일 속에 스며드는 화학물질이 고스란히 인체 속으로 옮겨진다. 이러한 치명적 위험으로부터 자유롭다고 호언할 수 있는 사람은 몇이나 될까? 인간에게 생명의 에너지를 공급해왔던 자연을 오염시킨다면 인간의 삶은 안전할 수 있겠는가? 페스트 환자처럼 변해가는 자연에게서 우리가 돌려 받을 것은 독성(毒性)밖에 없을 것이다.

고통을 더하는 진통제
— 아른프리트 아스텔의 「환경오염」

아른프리트 아스텔 1933년 뮌헨 출생. 다수의 시집과 경구집(警句集)을
남겼다.

레버쿠젠 市의 바이에르 회사는
우리의 수요를 잘 알고 있다.
그 회사는 아스피린만이 아니라
두통까지도 생산해낸다.

변기에서 씻겨 내려간
똥은
강물로 흘러 들어간다.

똥은 너무도 맥이 풀려
이미 하얗게 탈색되었다.
갑자기 오줌에도 피가 고인다.

*「환경오염/ Umweltverschmutzung」: 1974년에 발표된 詩. 1981년 생태
엔솔로지 『직선들의 폭풍우 속에서. 독일의 생태시 1950-1980』 제3장
'아름다운 신세계'편에 재수록 되었다. 시인이 지목하고 있는 '바이에르
(Bayer)' 회사는 '회히스트(Hoechst)' 회사와 함께 독일을 대표하는 기업으로
알려져 있다. 화학약품을 제조하는 독일 최대의 합자회사로서 이미 20세기

초에 아스피린 생산에 성공한 바 있다. 아스피린은 인간의 가장 가벼운 통증까지도 가라앉혀 주는 효험 때문에 서구뿐만 아니라 동양 사람들에게도 널리 애용되고 있는 가장 대중적인 약품이다. 아스피린은 진통제의 기능을 갖고 있지만 때로는 부작용을 일으킨다. 이 약품을 만들어낸 화학물질이 인간의 몸 속으로 스며들어 '두통을 생산해내는' 주범이 되기도 한다. 시인은 화학물질의 독성이 일으키는 부작용 앞에 모든 현대인들이 노출되어 있다는 사실을 환기시킨다. 아스피린이 일상생활의 필수품과 같은 역할을 하기 때문에 그 심각성은 더욱 증폭된다.

아름다운 시절을 기억하는 나무들
— 발터 헬무트 프리츠의 「나무」

발터 헬무트 프리츠 1929년 독일의 칼스루에 출생. 시 외에 다수의 장편 소설과 에세이를 발표하였다. 주요 시집으로 『형상과 기호』(1958), 『달라진 세월』(1963), 『그리움』(1979) 등이 있다.

도시 안에서 또다시
주차장을 만들기 위해
플라타나스 나무들을 베어버렸어.
그들은 이미 많은 것을 알고 있지.
우리는 그들 곁에 있을 때마다
친구로서 그들을 따뜻이 맞아주었으니까.
그 시절엔 나무들에 대해 이야기를 나누지 않는 것조차
범죄나 다름없는 일이었어.
나무들을 생각하면 떠오르는
평화,
나무들에게 깃드는 새들과 바람,
그들의 뿌리에 대해 이야기를 나누지 않는 것이란
있을 수도 없는 일이었지.

*「나무/ Bäume」: 1974년에 발표된 시. 발터 헬무트 프리츠의 시집 『어려운 도하(渡河)』(1976)에 처음 수록된 후, 1981년 생태 엔솔로지 『직선들의 폭풍우 속에서. 독일의 생태시 1950−1980』 제3장 '아름다운 신세계'

편에 재수록 되었다. 독자의 자연인식과 사회의식을 새롭게 변화시킴으로써 대중으로 하여금 생명의 고귀함과 존엄성을 깨닫게 해주는 것이 '생태시'의 궁극적 목적이다. 시인은 "나무들에 대해 이야기를 나누지 않는 것조차 범죄나 다름없는" 것으로 생각되던 시절이 있었음을 고백하고 있다. 과거의 시절엔 일상생활 속에서 대화를 나눌 때마다 '나무'를 중요한 화제로 삼는 것이 당연할 정도로 '나무'는 인간에게 소중한 존재였다는 것이다. 그러나 지금은 '나무'의 뿌리를 잘라내는 것조차도 당연하게 생각될 정도로 현대 사회에서 자연을 파괴하는 행위가 만연되어 가고 있다. 이러한 세태를 가장 안타까워하는 존재는 바로 시인이다. 그는 '나무를 친구로서 맞아주었던' 과거의 자연친화적 세계상(世界像)을 회복하기 위해서 모든 동식물을 인간처럼 소중하게 아끼는 사랑이 절대적으로 필요하다는 것을 강조하고 있다.

나무들의 절규

- 마르가레테 한스만의 「도로공사」

마르가레테 한스만 독일의 하이덴하임 출생. 시를 비롯해 소설, 방송극, 에세이 등 다양한 장르의 작품을 발표하였다. 시집으로 『너도밤나무 숲』(1978), 『지도』(1980), 『풍경』(1980) 등이 있다.

살점을 파고드는 도로에
소리 없이 으스러지는
나무들

숨통을 끊는 것이 이토록 간단할 줄이야!

*「도로공사/ Straßenbau」: 1959년에 발표된 시. 1981년 생태 엔솔로지 『직선들의 폭풍우 속에서. 독일의 생태시 1950-1980』 제3장 '아름다운 신세계' 편에 수록되었다. 시인은 나무의 몸을 인체와 다를 바 없다고 생각한다. 인간이 칼에 찔리거나 둔기로 얻어맞을 때 비명을 지르듯이, 전기톱으로 가지가 끊어지는 나무들은 마치 팔이 잘린 인간처럼 고통의 외마디를 토해낼 것이다. 인간의 귀에 나무들의 신음 소리가 들리지 않을 뿐이다. 하물며 몸 속으로 '파고들어 오는' 아스팔트의 폭력에 뿌리가 잘린 채 '도로'에 내버려진 나무의 몸은 인간의 주검과 무엇이 다르겠는가? 성능 좋은 기계로 나무의 뿌리를 베어내는 것은 아주 '간단한' 일이다. 그러나 목숨을 빼앗기는 자의 고통은 인간의 물리적 척도로 측정할 수 없는 시간의 길이를 갖게 될 것이다. 이런 의미에서 시인은 '나무들'이 인간의 욕망과 폭력

에 의해 소중한 목숨을 빼앗겨버린 피해자라는 것을 우리에게 일깨워준다.

나무들이 사라진다면
– 울리 하르트의 「가려내기」

울리 하르트 1948년 독일의 바트 홈부르크 출생. 엔솔로지, 신문, 잡지, 라디오 방송 등에 다수의 시를 발표하였고 수필, 풍자문학, 경구 등 다양한 장르의 작품을 발표하였다.

처음엔 나무들이
눈 앞을 가로막아
숲을 볼 수 없었지만
나중엔 모든 나무들이 뿌리 채 뽑히는 바람에
더 이상 숲을 보지 못했다
콘크리트를 밟는 사람은 알리라
이곳에선 풀이 자라나는 소리가
더 이상 들려오지 않는다는 것을

*「가려내기/ Sichtung」: 1969년에 발표된 시. 1981년 생태 엔솔로지 『직선들의 폭풍우 속에서. 독일의 생태시 1950−1980』 제3장 '아름다운 신세계' 편에 재수록 되었다. '나무들이 눈 앞을 가로막아 숲을 볼 수 없었다'는 시인의 회고에서 드러나듯이, 나무들에 에워싸여 살아가던 시절에는 '숲' 속에 살면서도 숲의 존재를 느낄 수 없었다. 어린 아이가 어머니의 따뜻한 품 속에 안겨있는 것을 당연하게 여기듯, 사람이 수많은 나무들과 어울려 한 그루 나무처럼 살아가는 것은 평범한 일상생활이었기 때문이다. 그러나 도시개발과 건설사업으로 인해 '나무들'이 사람의 마을을 떠나간

후, 비로소 시인은 고향과 다름없는 '숲'을 잃어버린 상실감에 젖는다. 시인은 '풀이 자라나는 소리가 더 이상 들려오지 않는 콘크리트' 위에 이방인처럼 서 있다. 그의 고향이었던 숲을 그리워하며.

나무를 사람처럼
— 페레나 렌취의 「나무는 너희의 원수란 말인가?」

페레나 렌취 1913년 스위스의 바젤에서 출생. 다수의 시집과 단편소설을 남겼다. 주요 시집으로 『달은 점점 더 자라난다』(1967), 『초록의 맹아』 (1974), 『레비아탄』(1980) 등이 있다.

그토록 은밀하고 신속하게
그를 죽여버리다니
도대체 나무는 너희의 원수란 말인가?
새들은 낯설게 변해버린
그들의 터전에서
당황한 듯 이리저리 맴돌고 있다.
새들에게도 돌아갈 고향이 있다는 것을
너희는 몰랐단 말인가?
이제 그들이 마음을 놓을만한
안식처를 아무리 찾아보아도
도무지 소용없게 된 것을 너희는 몰랐단 말인가?
너희는 여왕벌의 씨를 말려 놓았고
나무의 땅에서 생명을 앗아갔다.
너희의 메마른 마음이
섣부른 생각을 키운 것이다.
지금 당장이라도
한 그루 나무를

사람처럼 받들지 않는다면
우리 모두는 황량한 땅에서
돌처럼 굳어가리라.

*「나무는 너희의 원수란 말인가?/ Ist denn ein Baum euer Feind?」:
1978년에 발표된 시. 1981년 생태 엔솔로지 『직선들의 폭풍우 속에서. 독
일의 생태시 1950－1980』 제3장 '아름다운 신세계' 편에 수록되었다. 『직
선들의 폭풍우 속에서』를 편찬한 페터 코르넬리우스 마이어 타쉬(P. C.
Mayer－Tasch)는 이 엔솔로지의 서문에서 "생태시는 저항의 언어를 구체적
으로 표현한다"라고 말한 바 있다. 자연과 인간의 상생(相生)을 파괴하는
사회적 원인들을 비판하고 개혁하려는 '생태시'의 현실참여적 성격을 명시
한 언급이다. 이러한 능동적인 '저항'의 성격이 페레나 렌취의 시에서 전형
적으로 드러나고 있다. 시인은 '나무'를 비롯한 자연의 모든 생물들을 하등
하게 취급하는 인간중심주의적 태도를 가차없이 비판하고 있다. '지금부터
나무를 사람처럼 받들지 않는다면 우리 모두는 황량한 땅에서 돌처럼 굳어
가리라'는 경고의 발언에서 드러나듯, 자연을 사람보다 하등한 존재로 취급
하는 세태를 비판할 뿐 아니라 자연을 '사람처럼 받드는' 생명존중의 의식
을 진작시키는 것이 '생태시'의 정신운동이다.

딱따구리의 착각

— 하랄트 크루제의 「도시화」

하랄트 크루제 1945년 독일의 바스베크 출생. 『지렁이들의 반란』(1976),
『보고(報告)』(1978) 등의 시집을 비롯하여 라디오 방송, 신문, 계간지 등에
다수의 시를 발표하였다.

딱따구리들
전신주(電信柱)를
딱딱
쪼아대니
이 무슨
풍경인가?

*「도시화/ Verstädterung」: 1974년에 발표된 시. 하랄트 크루제의 시집
『지렁이들의 반란』(1976)에 처음 수록된 후, 1981년 생태 엔솔로지 『직선
들의 폭풍우 속에서. 독일의 생태시 1950 - 1980』 제3장 '아름다운 신세
계' 편에 재수록 되었다. 간결한 언어 속에 세태의 변화를 함축하고 있는
작품이다. 나무는 '딱따구리'의 고향이자 삶의 터전이다. 나무를 매개로 하
여 사람과 '딱따구리'의 만남이 이루어지고 서로간의 정서적 교감이 형성된
다. 그러나 나무들이 존재하지 않는다면 사람은 나뭇가지에 깃드는 새들의
노랫소리를 들을 수 없다. 나무들이 사라진다면 사람은 초록빛 그늘 아래
지친 몸을 눕힐 수도 없고 대지의 숨결을 마실 수도 없다. 어머니에게서
아이를 떼어놓듯, 대지의 품 속에 안겨있던 나무들을 추방해버리고 새롭게

들어선 문명의 자식들. 그들 중의 하나인 '전신주(電信柱)'를 나무로 착각하여 열심히 '쪼아대던' 딱따구리도 머지않아 그것이 생명 없는 물건에 불과하다는 것을 알게 되리라. 자기를 낳아준 고향의 둥지를 그리워하며 초록의 빛깔과 향기를 찾아 먼 여행을 떠나게 되리라.

회색의 수의(壽衣)

― 마르가레테 한스만의 「콘크리트」

마르가레테 한스만

마지막 남은 들풀마저도
마지막 남은 감자마저도
남김없이 덮어버리는구나
굶주림에 겨워하던 그 옛날
우리가 그토록 먹고 싶어했던 것들을

*「콘크리트/ Beton」: 1975년에 발표된 시. 마르가레테 한스만의 시집 『풍경』(1975)에 수록된 후, 1981년 생태 엔솔로지 『직선들의 폭풍우 속에서. 독일의 생태시 1950 - 1980』 제3장 '아름다운 신세계' 편에 재수록 되었다. 제2차 세계대전 직후 폐허의 참상 속에서 독일 국민들의 물질적 궁핍을 해소하는 데 적잖은 도움을 주었던 존재는 자연이었다. 그러나 시인의 기억 속에 남아 있는 자연의 생명체들은 인간에게 양식만을 제공하는 것으로 그치지 않았다. 들판을 가득 덮고 있는 풀잎들은 눈부신 초록빛과 향기로 인간들의 고통을 어루만져주곤 했다. 자연은 인간에게 물질적 혜택뿐만 아니라 정서적 평안까지도 베풀어주었던 것이다. 그러나 공동체의 단결을 통해 전후(戰後)의 가난을 극복했던 독일인들은 고도의 경제성장을 목표로 삼아 도시개발과 산업발전을 가속화시켰다. 부(富)를 축적하려는 인간들의 욕망 때문에 흙의 토박이었던 '들풀'은 나무들과 함께 회색의 수의를 입고 콘크리트 관 속에 영원히 잠들게 되었다.

콘크리트로 변해 가는 그리움

— 에리카 라우슈닝의「백화점」

에리카 라우슈닝 1923년 독일의 슈트랄준트 출생. 수채화를 즐겨 그린 화가이기도 하다. 주요 시집으로『자기주장』(1980),『오월의 나날들』(1981) 등이 있다.

우리의 도시들
미끈하게 털을 깎았다.
콘크리트 덩어리들
민숭민숭한 대머리처럼 서 있다.
도시 한 복판의
백화점들.
만들어낸 꽃 뒤에서
누구든 숨박꼭질을 즐길 수 있다.
자연 그대로의 상품 꾸러미는
더 이상 남아있지 않다.
모든 상품에서 등꽃색과 초록색이
미끄러져 흐른다.
네온 불빛 아래
번쩍이는 깃털 장식과
잔디를 본뜬 양탄자.
우리는 불빛에 홀려
물건을 찾는다.

이미 이곳에서

팔려나간 것들을.

*「백화점/ Kaufhaeuser」: 1979년에 발표된 시. 1981년 생태 엔솔로지『직선들의 폭풍우 속에서. 독일의 생태시 1950－1980』제3장 '아름다운 신세계' 편에 수록되었다. 대도시 내에서 '자연 그대로의' 사물은 더 이상 찾아볼 수 없게 되었다. '만들어낸 꽃'과 '잔디를 본뜬 양탄자'에서 드러나듯, 자연을 가공한 상품들과 모조품들이 현란한 '네온 불빛'으로 도시인들의 소유욕을 자극한다. 도시인들은 갖고 싶은 물질을 손에 넣을 수만 있다면 그것이 자연의 모상(模像)에 불과한 것일지라도 만족스러워 한다. 이제 도시인들에겐 자연의 실체와 모상 사이에 가치구분이 무의미해진 셈이다. 자연의 실제 모습보다 더욱 아름다워 보이는 모상들의 '불빛'은 자연을 향한 도시인들의 향수를 '콘크리트 덩어리'처럼 마비시킨다.

욕망은 죽음의 근원

― 마르고트 샤르펜베르크의 「대도시의 통계학」

마르고트 샤르펜베르크

뻐꾸기 시계 속에 있는
새들만이
삶을 이어가리라.
밤이면
심심찮게 울려대는
굉음의 틈바구니 속에서
잠시만이라도
정적을 지키는 것은
우리 도시들의
입구에 서 있는
석조(石造) 사자 뿐이다.

도시는
비둘기에게 모이를 주듯
오물과 욕망으로 우리를 사육하여
결국 우리의 흠 없는 생존 법칙을
독살하고야 말았다.
우리의 기분 따윈 아랑곳 없이
도시는 우리를
개처럼 길들였다.

우리는 모든 것에 값을 매겼고
숫자를 첩첩이 쌓아갔다.
얼마 남지 않은 나무들과
덩치 큰 침실을
손에 넣으려는 투쟁 속에서
우리는 스스로 목숨을 버렸다.

*「대도시의 통계학/ Statistik für Großstädte」: 1972년에 발표된 시. 1981년 생태 엔솔로지 『직선들의 폭풍우 속에서. 독일의 생태시 1950-1980』 제3장 '아름다운 신세계' 편에 수록되어 있다. 시인은 물질을 소유하려는 '욕망' 때문에 수단과 방법을 가리지 않는 비정한 세태를 고발하고 있다. 그는 이기적 욕망이 팽배한 사회 속에서 인간과 자연의 상생(相生)은 불가능하다는 것을 말하려 한다. '뻐꾸기 시계 속의 새들'과 '도시의 입구를 지키는 석조(石造) 사자'는 자연성의 상실을 대변해주는 객관적 상관물이다. 시인은 이러한 반자연성(反自然性)을 낳은 원인으로 도시인들의 물질적 욕망을 지목하고 있다. '얼마 남지 않은 나무들을 손에 넣으려는' 물욕(物慾)이 자연과 인간의 상생을 단절시키고 인간의 '목숨'을 위협하는 요인이 되었다는 것이다.

쇠붙이로 만든 감옥

― 엘케 외르트겐의 「공업도시」

엘케 외르트겐

발 끝에서 턱 밑까지
애써 철갑을 둘렀다.
유년시절을 훌쩍 건너 뛰어
벌써 어른이 되어버린 도시는
뜨겁게 구운 돌덩이 속에서
쇠붙이가 튀어나오길 기다린다.
도시의 얼굴에서 웃음이
번져가는 것을 본 적이 있는가.
도시에서 향긋한 내음은
꿈조차 꿀 수 없어라.
여기를 벗어난 곳에서
나의 꿈은 둥지를 틀리라.

＊「공업도시/ Industriestadt」: 1977년에 발표된 시. 1981년 생태 엔솔로지 『직선들의 폭풍우 속에서. 독일의 생태시 1950－1980』 제4장 '공업' 편에 수록되었다. 시인은 현대문명의 본산인 대도시를 환경파괴의 진원지로 고발하고 있다. 그의 눈에 비친 도시는 자연으로부터 인간을 격리시키는 감옥과 다름없다. 도시를 중심으로 질주해나가는 산업발전의 속도는 자연의 '향긋한 내음' 뿐만 아니라 인간의 정서마저도 '쇠붙이'로 만들어버린다. '유년'의 자연성(自然性)을 '훌쩍 건너 뛰어' 성장을 향해서만 달려가는 대

도시에 대해 시인은 독자의 비판의식을 일깨우면서 잃어버린 자연을 향한 '꿈'을 심어주고 있다.

가까이 있는 독(毒)
— 하인쯔 쉬네바이스의 「파라치온」

하인쯔 쉬네바이스

파라치온을
생산하는
그 공장에서
어느날 갑자기
다섯 명의 노동자가
죽어 나갔다
몇 년이
지난 뒤에야
마침내

사람들은 알게 되었다
파라치온은
죽음을 부르는
독(毒)이란 사실을

*「파라치온/ Parathion」: 1973년에 발표된 시. 제목이 없는 시이므로 「파라치온」을 가공의 제목으로 설정하였다. 하인쯔 쉬네바이스의 시집 『오직 그렇게만』(1974)에 처음 수록된 후, 1981년 생태 엔솔로지 『직선들의 폭풍우 속에서. 독일의 생태시 1950－1980』 제4장 '공업' 편에 재수록 되었다. 시인은 농약의 생산과정에서 발생한 산업재해를 고발하고 있다. '파

라치온'은 갈색을 띠는 농약의 일종으로 사람, 가축, 식물에게 매우 유해한
치명적 약품이다. 시 「그녀는」에서 과일을 먹는 여인의 세포조직을 파괴시
켰던 '파라치온'은 여인의 몸 속에 흘러 들어오기도 전에 이미 자신을 만
들어낸 건장한 남자들까지도 죽음으로 몰아넣었다. 한넬리스 타샤우의 시
「마실 수 있는 공기」에서처럼, 하인츠 쉬네바이스도 르뽀르따즈의 언술방
식을 통해 독자에게 객관적 사실들을 꾸밈없이 보고함으로써 생존에 대한
위기의식을 증폭시킨다.

잔인한 계절

― 볼프강 피엔홀트의 「싹트는 봄」

볼프강 피엔홀트 1950년 독일의 다름슈타트 출생. 주요 시집으로 『불안
저 너머에』(1974), 『옛날처럼 웃을 수만 있다면』(1977), 『신발이 맞지 않
는 때가 많다』(1979) 등이 있다.

매연을 머금은 나날들이 늘어간다
숲과 들녘엔 다시금 쓰레기가 쌓이고
기가 막힐 만큼 따스한 바람, 살며시 방사능에 젖은 바람이
우리의 길거리를 어루만진다
토요일에 도로는 행락 차량으로 붐빈다
모두들 잿빛 풀밭에 드러누워
보랏빛 눈(雪)이나 실컷 꿈꾸어라

*「싹트는 봄/ Frühlingserwachen」: 1975년에 발표된 시. 볼프강 피엔홀트
의 시집 『옛날처럼 웃을 수만 있다면』(1977)에 처음 수록된 후, 1981년 생
태 엔솔로지 『직선들의 폭풍우 속에서. 독일의 생태시』 제4장 '공업' 편에
재수록 되었다. 시의 제목에서도 드러나듯이, '봄'은 자연의 순리에 따라
만물이 소생하는 계절이다. 그러나 '봄'을 맞이하는 인간의 생활공간에서는
오히려 만물이 죽음을 향해 치닫고 있다. 시를 읽어갈수록, 무너진 자연법
칙의 파편들이 산재해 있음을 목격하게 된다. 길거리는 '매연'으로 가득 차
있고 '숲'과 '들녘'엔 '쓰레기'가 쌓여 있다. 예전의 봄바람은 만물의 혈관
속에서 새로운 피돌기를 가능케 하였으나 이제는 봄바람조차도 '방사능'에

오염되었다. 시인은 자연의 생명이 철저히 파괴되었다는 사실을 잘 알고 있기 때문에 '풀'의 얼굴로부터 초록빛 대신 '잿빛'을 바라보고 '눈(雪)'으로 부터 '보랏빛'을 느낀다. 흠 없는 순백의 '눈'은 더 이상 '꿈꿀 수' 없는 대상이 되고 말았다. 기껏해야 '보랏빛'으로 변해버린 병색(病色)의 눈을 바라보며 만족할 수밖에 없는 것이 시인의 현실상황이다.

벗어날 수 없는 감옥

– 볼프강 피엔홀트의 「일요일의 소풍」

볼프강 피엔홀트

빈 터를 찾아보자
외진 곳에서
매연 한 점 없는
자연의 고요함을 만끽해보자
텔레비젼과
그 밖에 권태로운 모든 것들을 박차고
인적 없는 풍경 속으로 달려가 보자
그러면 우리 앞에 田園처럼 쓰레기장이 펼쳐지고
우리의 모자에는 꽃 대신
통조림 깡통을 꽂게 되리라

*「일요일의 소풍/ Sonntagsausflug」: 1975년에 발표된 시. 볼프강 피엔홀
트의 시집 『옛날처럼 웃을 수만 있다면』(1977)에 처음 수록된 후, 1981년
생태 엔솔로지 『직선들의 폭풍우 속에서. 독일의 생태시 1950 – 1980』제
4장 '공업'편에 재수록 되었다. 시인은 자연의 아름다움을 노래하고 싶어도
더 이상 노래할 수 없게된 현실을 독자에게 인식시켜 자연에 대한 낙관론
을 독자 스스로 부정하게 한다. '자연의 고요함을 만끽하는 것'과 '인적 없
는 풍경'을 찾아 자연의 아름다움을 음미하는 것은 몽상 속에서나 가능한
일이 되었다. 연인의 '모자'에 꽃을 꽂아주며 사랑을 속삭이던 그 옛날의
꽃밭엔 '통조림 깡통'이 쌓여 있고, 수채화의 소재가 되었던 '전원'은 '쓰레

기장'으로 변해버렸다. 불구자로 전락한 자연을 앞에 두고서 생명의 황홀을 노래하기란 불가능하다. 그럼에도 불구하고 이 시대엔 자연과 인간의 조화를 무조건적으로 신뢰하는 사람들이 많은 까닭에, 시인은 자연에 대한 전통적 관념을 해체시키고 독자들의 시각을 자연 파괴의 현장으로 인도하고 있다.

서정시를 쓰기 힘든 시대

― 한스 크리스토프 부흐의 「시 아닌 글」

한스 크리스토프 부흐 1944년 독일의 베츨라르 출생. 시 외에 다수의 에세이, 단편 소설, 라디오 방송극본 및 TV 드라마 극본을 발표한 바 있다.

1952년 런던 상공에 하얗게 피어오른 구름떼가
불과 일주일만에 성인 4000여명의 목숨을
앗아간 뒤, 그 구름떼는 이름을 얻게 되었다: 스모그,
이것은 스모크(연기)와 포그(안개)를 합쳐놓은 이름이다
(화학적으로 설명하자면 이산화황과 질산이 결합된 물질로서
햇빛에 민감하게 반응한다: 흔히 광화학 스모그라고도 한다)

1976년 히로시마와 나가사키에서
2200여명이 죽어갔다. 1945년 원폭피해의
후유증 때문이었다. 1950년대에 이어진 핵실험의 희생자들은
(유산된 아기들과 기형아들을 제외하고서도)
전 세계에 걸쳐 수십만이 넘는 것으로 추산된다.
그 이후 북극의 빙벽에서는
방사능이 현저히 증가하여
앞날을 불안하게 하였다.
(특히 에스키모들과 유럽 북단의 라플란드 사람들이 위험에 처했다.
왜냐하면 그들은 순록의 고기를 먹고 살고,
순록은 이끼를 먹고 살며,

이끼는 대기(大氣)에서 영양분을 섭취하기 때문이다.)

1964년 전투 편대의 한 비행기가
노스 다코타 州 상공에서 폭탄 두 개를 분실하였다
히로시마 원자탄의 파괴력을 1000배 능가하는 폭탄이었다.
자동 점화장치를 제어하기 위해 마련된
4중 안전 시스템은
세 번이나 말을 듣지 않았다. 어느 날 아침
노스 다코타 州 먼데인 회사의 우유에서
갑자기 방사능 냄새가 나기 시작했다.

샌프란시스코 해안에서 30마일 떨어진
태평양 밑바닥엔
방사성 폐기물을 담은 통들이 쌓여있다.
1945년 이후 미국 원자력 위원회가 이곳 태평양에
통들을 가라앉힌 것이다. 구멍난 다수의 폐기통에서
방사능이 새어 나왔다.
미 해군 잠수부가 어느 하나의 폐기통 위에서
어마어마한 해면(海綿)을 발견하였는데,
그 잠수부는 해면을 물 위로 끌어올리려 시도하다가
그만 상어떼에 잡아먹히고 말았다.

이 글은 결코 詩가 아니다

*「詩 아닌 글/ Kein Gedicht」: 1977년에 발표된 시. 1981년 생태 엔솔로지『직선들의 폭풍우 속에서. 독일의 생태시 1950 - 1980』제4장 '공업' 편에 재수록 되었다. 제목에서도 드러나듯이 한스 크리스토프 부흐는 반시(反詩)적 언술방식으로써 1945년 이후 환경파괴의 역사를 고발하고 있다. 시인은 대기오염과 원폭피해·방사능 오염 사건을 발생연도 및 통계수치를 통해 정확히 재생해낸다. 마지막 시행(詩行)의 "이 글은 결코 시가 아니다"라는 독백은 일종의 반어적 표현이다. 환경오염으로 인한 위기의식이 증폭되어 가는 현실에 비추어볼 때, 시인의 이러한 발언은 현대시에서 더 이상 예술지상주의를 고수할 수 없다는 시론적(詩論的) 성찰이라 할 수 있다. 자연이라는 거울을 통해 사회현실을 인식하고, 사회현실에 대한 진단을 통해 자연의 치유를 호소해야 할 소명이 모든 시인들에게 요구되고 있다. 현실에 대한 비판과 극복에 주력하지 않는다면 자연의 아름다움을 마음껏 노래하던 세계를 되찾기란 불가능할 것이다. 따라서 시인은 자연환경의 타락이 가져올 생명체들의 종말을 인류에게 경고하는 예언자의 역할을 현대의 시인들에게 요구하고 있다. 시가 이러한 사회적 소명을 감당하기 위해서는 독자에게 생명파괴의 실상을 객관적으로 재생하여 고발하는 행위가 선행되어야 한다. 그러나 시가 전통미학에 충실하여 이른바 '예술을 위한 예술'을 고수하려 든다면 언어에 미학적 기교를 가미할 수밖에 없다. 이처럼 가공된 언어를 통해서는 환경오염의 실상을 정확히 알리지 못할 뿐더러 독자의 비판의식을 이끌어내기도 어렵다는 것이 시인의 생각이다. 한스 크리스토프 부흐가 르뽀르따즈를 시의 언술방식으로 사용했던 것은 예술성의 포기를 통해 생명파괴의 실상을 정확히 고발함으로써 독자의 비판의식과 개혁의지를 이끌어 내고자 하였기 때문이다.

인간을 노예로 길들이는 탐욕
— 리젤로테 촌스의 「고발」

리젤로테 촌스 1931년 독일의 베를린 출생. 일간지에 많은 시를 발표해 왔던 시인이다. 대표적 시집으로 『독립된 자들』이 있다.

인간.
하느님을 닮은 형상이여.
"지구를 발 아래
복종시켜라."

지구를 괴롭히고
지구를 학대하고
지구를 약탈한다.
지구의 밝게 빛나는
숲들을 베어낸다.

결실을 베푸는
지구의 江들을
메마르게 하고
생명을 안겨주는
지구의 대양(大洋)들을 없애버린다.

지구에게서

숨쉴 공기를 갈취하고
별들을 망가뜨린다.

인간의 손에서
피가 뚝뚝 떨어진다.
물개들을 때려 죽이고
고래들을 작살에 꿴다.
표범들을 총살하고
코끼리들을 사냥한다.
길들인 가축을
상품으로 포장하고
노래하는 새의 숨통을 끊어버린다.

곤충들을 독살하고
잡초를 말살하며
과일에 농약을 주입한다.
인조비료를 뿌리고
화학사료를 먹인다.

몰로흐와 다름 없는
과학기술은
마법을 연마하는 학생을
먹어 치운다.

모든 것을 먹어 치우는 자, 인간.

형제를 살해한 자, 인간.
학대받고 고통으로 얼룩진 지구.
그대의 모든 피조물들에 의해
피를 빼앗겨버린 지구.

하느님의 형상을 빼어닮은 인간은
악마와 같은 주도자.
그가 범한 가장 큰 죄는
탐욕이다.

*「고발/ Klage」: 1979년에 발표된 시. 시집『독립된 자들』에 처음 수록된 후, 1981년 생태 엔솔로지『직선들의 폭풍우 속에서. 독일의 생태시 1950－1980』제5장 '나팔꽃 또는 황금마차' 편에 재수록 되었다. 성경의 창세기에 따르면, 하느님은 만물을 창조하기 시작한 지 여섯 째 날에 마지막으로 인간을 창조하셨다. '하느님의 형상'대로 지어졌기 때문에 인간은 본래 선한 존재였다. 그러나 아담과 하와가 하느님과의 약속을 어겨 에덴 동산에서 추방된 후, 인간의 후손들은 '살해', '약탈', '착취', '학대'를 그치지 않았다. 헤아릴 수없이 많은 인간의 죄목(罪目)들은 모두 그의 '탐욕'에서 비롯되었다. 인간은 하느님에게서 선물로 받은 이성(理性)을 하느님의 본질인 사랑을 실현하는 데 선용하지 못하고 이기적인 소유욕을 채우는 데만 사용했던 것이다. 모든 것을 '먹어치우려는' 듯, 인간은 이성의 힘으로 자연을 지배하면서 물질의 풍요를 누리기 위해 자연의 생명력을 착취하였다. 따라서 시인은 인간의 이성과 '탐욕'의 결합이 자연의 도구화를 낳아 생태계 파괴를 야기시켰음을 '고발'하고 있다.

인간의 이성이 만들어낸 최고의 걸작은 '과학기술'일 것이다. '과학기술'

은 인간의 행복을 위해 창조된 후, 인간의 '탐욕'을 충족시키는 데 하인처럼 헌신해왔다. 그러나 지금은 '과학기술'이 인간을 지배하는 주인이 되었다. 과학기술을 도구로 사용해왔던 인간은 오늘날 아주 사소한 일에 이르기까지 과학기술에 의존하면서 영혼과 정신까지도 헌납하고 있지 않은가? 자기가 낳은 자식들을 모조리 잡아먹는다는 희랍 신화의 괴물 '몰로흐'처럼 '과학기술'은 인간의 영혼을 갉아먹으며 서서히 인간을 쾌락과 편리에 중독된 노예로 길들여가고 있다. 아낌없이 '생명의 결실'을 베풀어준 자연으로부터 보복을 당하고, 자신의 도구였던 과학기술로부터 지배를 당하는 모순 덩어리가 바로 우리들 인간이다. 그 치명적 모순의 뿌리는 다름 아닌 '인간의 탐욕'이다.

종말의 전조(前兆)

－다그마르 닉의 「증명」

다그마르 닉 1926년 독일의 브레스라우 출생. 시, 방송극, 에세이 등 다양한 장르의 작품들을 남겼다. 주요 시집으로 『순교자』(1955), 『증명과 증거』(1969), 『소실선(消失線)』(1978) 등이 있다.

우리는 쾌락의 칼로
하늘의 내장을 도려냈다.
천사들은 이미 노래를 멈추었으니
뮤직박스를 틀어라!
광란의 재즈로
밤을 뜨겁게 달구어라.

욕망의 피여
우리 몸 속에 흘러라
우주를 향해 새로운 영웅들을 쏘아 올려라.
우리는 우리가 지배하는 시대를
증명해주리라.
하늘의 천사들은 이미 노래를 멈추었으니
뮤직박스를 틀어라!

*「증명/ Zeugnis」: 1960년에 발표된 시. 1981년 생태 엔솔로지 『직선들의 폭풍우 속에서. 독일의 생태시 1950－1980』 제5장 '나팔꽃 또는 황금

마차' 편에 재수록 되었다. 동시대의 서구인들을 대변하는 시적 화자는 과학기술의 진보가 빨라질수록 인간의 삶도 질적인 향상을 거듭하리라 확신하고 있다. 그는 과학기술의 능력이 인간의 풍요와 윤택을 보장해준다는 낙관적 생각에 사로잡혀 있다. '우주를 향해 영웅들(로케트와 우주선)을 쏘아 올리라'고 호소하는 시적 화자의 낙관적 발언에서 우리는 그가 '증명'하려는 내용이 무엇인지를 알게 된다. 그는 과학기술의 힘으로 자연을 지배하고 정복하는 행위가 인간에게 풍부한 물질을 안겨줄 것임을 '증명'하려는 것이다. 그러나 화자의 목소리가 높아갈수록 시인의 침묵은 물질적 현실에 대한 저항의 힘을 획득한다. 독자는 시를 읽어갈수록 시인의 '증명'이 시적 화자의 '증명'과 대립적이라는 것을 감지하게 된다. 시인은 과학기술이 인류의 생존에 치명타를 입힐 수도 있다는 부정적 전망을 '증명'하고자 한다. 물질적 '욕망'을 절제하지 않는 한, 인류는 과학기술의 위험으로부터 자유로울 수 없다는 것이다. 물질을 소유하려는 욕망이 커질수록 과학기술의 힘을 남용하게 되어, '하늘의 내장을 도려내듯' 자연의 생명력을 고갈시키는 결과를 낳기 때문이다. 자연에 대한 과도한 수탈 행위는 현대인들의 자살 행위와 동일한 의미를 갖는다. 시적 화자가 증명하려던 행복의 길이 시인에 의해 종말의 전조로 증명되고 있다.

멸망을 향해 달려온 길

— 롤프 하우프스의 「진보」

롤프 하우프스 1935년 독일의 뒤셀도르프 출생. 시를 비롯해 수필, 방송극, 동화 등 다양한 장르에 걸쳐 창작 활동을 전개해왔다. 대표적 시집으로 『단 하루만의 속도』(1976)가 있다.

인간의 등은 굽어간다
날이 갈수록 앞으로 점점 구부러져
어느 날 인간의 입술은
땅바닥에 닿으리라
흙의 곁에 누우리라

*「진보/ Fortschritt」: 1973년에 발표된 시. 롤프 하우프스의 시집 『단 하루만의 속도』(1976)에 처음 수록된 후, 1981년 생태 엔솔로지 『직선들의 폭풍우 속에서. 독일의 생태시 1950−1980』 제5장 '나팔꽃 또는 황금마차'에 재수록 되었다. 롤프 하우프스는 생태파괴로 인하여 인류가 종말을 향해 다가가는 과정을 한 사람의 노쇄, 죽음, 부패의 과정에 비유하고 있다. 이처럼 '생태시'에서 사용되고 있는 묵시록적 언술방식도 종교적 경전의 묵시록과 형태상 유사하다. '흙의 곁에 누우리라'는 발언에서 알 수 있듯이, 시인의 입으로 인류의 파멸을 예언하고 있기 때문이다. 그러나 종교적 묵시록과 '생태시'의 묵시록은 그 의도와 성격에 있어서 상이하다. 전자가 인류의 종말을 선포하는 예언 그 자체에 내용의 중심을 두고 있다면, 후자는 교육적 메시지를 전하기 위한 언어적 수단으로 예언을 사용하고 있

다. 예언이라는 언술방식을 통해 시인들이 독자에게 전해주고자 하는 본질적 내용은 무엇인가? 그것은 인간과 자연의 공멸을 예방하기 위해서 인류를 향해 경고를 보내는 것이다. 생존에 대한 위기의식을 일깨워 인류와 모든 종(種)의 멸종 가능성을 경고하며, 자연에 대한 과도한 수탈과 파괴행위를 자제할 것을 현대인들에게 촉구하는 것이 묵시록적 생태시의 중심 내용이다.

바다는 모두의 것
 - 페터 쉬트의 「소유관계」

페터 쉬트 1939년 독일의 바스베크 출생. 『두 개의 대륙』(1979), 『시대시(時代詩)』(1980), 『꿈과 일상 사이에서』(1981) 등의 시집을 비롯해 다수의 수필집을 발표하였다.

북해 연안의
모래톱에 펼쳐진 바다는
독일연방공화국의 것도 아니고
네덜란드나 덴마크의 것도 아니다
그 바다는 정유회사 ESSO의 것도
BP의 것도 아니다
그 바다는 유일하게도
바닷가를 달리는 사람들과 모래톱의 달팽이들
좀조개와 후추조개
게와 새우들
바다전갈들
가자미와 청어들의 것이다
그 바다는 빙어와 큰 가시고기
줄무늬 청어와 혀가자미
물개와 바다표범
검은머리 물떼새
작은 도요새

혹기러기와 솜털오리
장다리 물떼새와
갈매기와 바다제비의 것이다
그 바다는 샤르회른 지방의 조류보호 감시자와
쥘트 지방의 천진난만한
벌거숭이 아이들의 것이다
나는 강력히 주장한다
이 소유관계를
결코 바꾸지 말 것을

*「소유관계/ Besitzverhältnisse」: 1980년에 발표된 시. 페터 쉬트의 시집
『꿈과 일상 사이에서』(1981)에 처음 수록된 후, 1981년 생태 엔솔로지 『
직선들의 폭풍우 속에서. 독일의 생태시 1950-1980』 제6장 '경고, 희망,
꿈' 편에 재수록 되었다. 시인은 북해 연안의 바다가 수많은 생명체들에게
속해 있는 공동의 소유물임을 밝히고 있다. 자연은 어느 특정한 개인이나
국가의 전유물이 될 수 없다는 것이다. 그는 자본주의의 경제원칙에 근거
한 '소유관계'를 말하는 것이 아니라, 인간을 포함한 모든 종(種)들이 생명
공동체의 동등한 구성원으로서 살아간다는 '생태주의'에 근거하여 새로운
'소유관계'를 제시하고 있다. 자연이 개인과 회사와 국가의 소유가 아닌 모
든 생물들의 소유라는 사실은 어떠한 존재도 자연의 주인이 될 수 없다는
것을 의미한다. 군이 '바다'의 주인을 찾는다면 '바닷가를 달리는 사람들'과
'천진난만한 벌거숭이 아이들' 뿐만 아니라 시인이 호명하고 있는 모든 생
물들이 '바다'의 주인인 셈이다. 인디언 수쿠아미쉬 족의 시애틀 추장이 워
싱턴 시장(市長)에게 보낸 메시지에서 "어떻게 저 하늘이나 땅의 온기를
사고 팔 수 있는가?"라고 반문하였듯이, 자연의 존재 가치는 결코 자본이

나 물질로 환산될 수 없다. 자연은 인간의 지배권 아래 복속된 대상이 아니라 인간과 모든 생물들이 동반자로서 함께 가꾸어 나갈 공동의 터전이기 때문이다. 인간이 바다에 대해 주장할 수 있는 권리의 한계는 어디까지인가? 수많은 새와 물고기들과 함께 바다를 빌려 쓰며 바다를 보호하는 청지기의 권리로 자족해야 하지 않을까?

사과처럼 아름다웠던 별이여

– 한스 마그누스 엔첸스베르거의 「사과에 대한 조사(弔詞)」

한스 마그누스 엔첸스베르거 1929년 독일의 카우프보이렌 출생. 대표적 시집으로는 『양떼에 대한 늑대들의 변명』(1957), 『국어』(1961), 『점자』 (1964), 『타이타닉 호의 침몰』(1978), 『사라지는 분노의 여신』(1980) 등이 있다. 시를 비롯해 에세이, 다큐멘터리, 번역, 평론 등 그의 글쓰기 행위는 문학의 전 분야로 확대되었다.

이곳엔 사과가 놓여 있었지
이곳엔 식탁이 서 있었어
저것은 집이었고
저것은 도시였어
이곳의 땅은 쉬고 있다구

저기 있는 이 사과가
지구란다
참 아름다운 별
그곳엔 사과가 있었고
사과를 먹는 사람들이 살았었지

＊「사과에 대한 조사(弔詞)/ nänie auf den apfel」: 1964년에 발표된 시. 1981년 생태 엔솔로지 『직선들의 폭풍우 속에서. 독일의 생태시 1950 – 1980』 제7장 '묵시록'편에 재수록 되었다. 일상적인 언어를 은유와 상징으

로 전환시켜 시의 미학적 효과를 살려낸 작품이다. 간결한 언어 속에 많은 의미를 함축하고 있다. 서유럽의 생태시에서 중심적인 언술방식이었던 르뽀르따즈의 형태에 구속되지 않고 언어의 미학을 통해 교육적 메시지를 전해주고 있는 생태시의 바람직한 모델이다. 시적 화자(詩的 話者)가 손가락으로 가리키는 '사과'는 두 가지 의미를 갖고 있다. 하나는 과일 그 자체이고, 또 하나는 지구를 상징한다. '사과'라는 독립적 개체를 응시하던 화자는 거대한 '사과'인 지구를 향해 서서히 시선을 옮겨간다. 이 시가 1연과 2연으로 나뉘어져 있음에 주목할 필요가 있다. 제1연에서 거대한 '사과'의 내부 속으로 걸어 들어간 화자는 예전에 존재했었던 사물들이 지금은 존재하지 않는다는 것을 확인한다. 자연의 대표격인 '사과', 가족 공동체의 상징인 '식탁', 그리고 기계문명의 본산인 '도시'가 소멸된 것이다. 화자는 인류와 모든 종(種)의 멸망을 확인한 뒤, 속이 텅 비어버린 거대한 '사과'의 바깥으로 걸어 나온다. 제2연에서 그는 먼 발치에 서서 비애감 어린 눈길로 '지구'를 바라보고 있다. '사과'처럼 아름다웠던 '별'은 이제 단 한 개의 '사과'도 맛볼 수 없고 단 한 사람의 그림자도 만날 수 없는 죽음의 땅으로 변하고 말았다. 지구의 죽음을 애도하는 화자의 '조사(弔詞)'는 멸망에 대한 예견이자 인류에게 보내는 경고의 메시지이기도 하다. 탐욕의 노예가 되어 자연의 생명력을 착취하고 파괴하는 인간중심주의적 행위를 자제할 때만이 생명의 파멸을 막을 수 있다는 가르침을 읽을 수 있다.

새로운 낙원의 주인

― 예르크 힐셔의 「사막의 아들」

예르크 힐셔 전기와 저서에 관해서는 알려져 있지 않다.

기쁨을 억누를 수가 없군요
저기 언덕들 뒤
가장 아름다운 사막에서 살게 될 테니까요
그곳엔 콘크리트 사막 아스팔트 사막
독극물 사막 기름 사막 핵 사막
그리고 쓰레기 사막이 있지요
이들 사막에서 살게 되다니 가슴이 벅차오르네요

*「사막의 아들/ Wüstensohn」: 이 시는 1981년 뮌헨의 베크 출판사가
간행한 생태 엔솔로지 『직선들의 폭풍우 속에서. 독일의 생태시 1950−
1980』 제7장 '묵시록' 편에 수록되었다. 시적 화자는 생태계의 파멸로 인
하여 지구 전체가 '사막'으로 변할 것이라 전망하고 있다. 여느 묵시록적
생태시에서 볼 수 있듯이, 화자의 언어는 예언에 중심을 두고 있다. 예언이
라는 형식을 통해 인류와 모든 종들의 멸망을 경고하고 지구의 사막화를
예방하려는 교육적 의도를 견지하고 있는 것이다. 그러나 이 시는 지금까
지 살펴본 묵시록적 생태시와 다른 특징 한 가지를 갖고 있다. 그것은 시
적 화자의 반어적 어법이다. 반어(反語)는 예언과 결합하여 지구의 사막화
와 인류의 멸망에 대한 우려를 더욱 증폭시키는 역할을 하고 있다. 어둠이
지배하는 '사막'을 '아름다운' 땅이라 부르고 죽음에 대한 공포를 '기쁨'이

라 말하는 화자의 자조적(自嘲的) 고백이 생명파괴의 현실을 인식하지 못하는 현대인들에게 각성의 돌을 던져준다.

마지막 밤을 우리의 손아귀에
― 다그마르 닉의 「우리는」

다그마르 닉

우리에겐 두려운 것이 없다. 우리가 믿는 것은
로봇의 두뇌와 그 위력.
죽어 가는 지구의
마지막 밤을 향해 우리는 소경처럼 걸어간다.

모든 생명은 우리 손아귀에 있다.
우리에겐 말이 필요 없다.
목표에 따라 움직이면 되는 것. 우리의 이성은
실험관 속에서 죽음을 배양한다.

우리는 원자(原子) 알갱이들을 굴리며 논다.
암(癌)도, 페스트와 결핵도
우리는 더 이상 두렵지 않다.

우리가 사는 곳엔 지옥의 그림자 비치지 않는다.
한때 우리의 심장을 멎게 했던 저 지옥도
아주 가끔씩 우리를 귀찮게 할 뿐이다.

*「우리는/ Wir」: 1954년에 발표된 시. 1981년 생태 엔솔로지 『직선들의
폭풍우 속에서. 독일의 생태시 1950―1980』 제7장 '묵시록' 편에 수록되

었다. 다그마르 닉은 물질문명과 과학기술에 대한 낙관론을 비판하기 위해 화자의 입을 빌어 현대인들의 낙관론을 예찬하는 역설적 언술방식을 사용하고 있다. 시인은 물질을 소유하려는 과도한 욕망이 과학기술에 대한 맹목적 의존을 불러 일으켜 자연의 '생명'을 고갈시키고 인류 전체를 '죽음'으로 몰아넣을 것이라 예견하고 있다. 종말에 대한 예언을 경고의 메시지로 전용(轉用)하고 있다는 점에서 다그마르 닉의 시는 묵시록적 '생태시'의 전형이라 할 수 있다. 시의 소재로 선택된 자연은 더 이상 아름다운 노래의 대상이 될 수 없었다. 화자의 발언에서 드러나듯, 자연은 인간에 의해 '배양된 죽음'을 인간과 함께 나누어 갖는 죽음의 서식지로 변해가고 있었던 것이다.

태양 주위를 도는 난파선
  ─ 귄터 쿠네르트의 「라이카」

귄터 쿠네르트 1929년 독일의 베를린 출생. 『일상』(1960), 『혹성에 대한 기억』(1963), 『유토피아로 가는 길 위에서』(1978) 등의 시집을 비롯해 다수의 소설과 에세이를 남겼다.

우리가 소유한
가장 좋은 금속으로 만든
공 안에서
죽은 개 한 마리
날마다 우리의 지구 주변을 돌고 있다.
우리가 소유한 가장 좋은 위성
지구가
어느 날 저렇게
죽은 인류를 싣고
해마다 태양 주변을
돌게 될 지도 모른다는
경고를 보내면서.

*「라이카/ Laika」: 1963년에 발표된 시. 시집 『혹성에 대한 기억』(1963)에 처음 수록된 후, 1981년 생태 엔솔롤지 『직선들의 폭풍우 속에서. 독일의 생태시 1950–1980』 제7장 '묵시록' 편에 재수록 되었다. 이 시는 1963년 '라이카'라는 이름의 개 한 마리를 인공위성 슈프트닉 2호에 태워

역사상 최초로 우주 공간에 생명체를 띄워 보냈던 사건을 소재로 삼고 있다. 시인의 상상력에 의해 이 역사적 사건은 지구의 종말에 대한 은유로 변화한다. 멸망한 인류를 싣고 '태양 주변을 돌게 될 지도 모르는' 지구를, '죽은 개'를 싣고 '지구 주변을 도는' 인공위성에 비유한 것이다. 시인은 죽은 개를 통해 '죽은 인류'의 미래를 예시함으로써 개와 인류 공동의 터전인 지구의 죽음을 '경고'하고 있다. '가장 좋은 위성'이었던 지구 내에서 모든 생물들이 멸종할 수 있음을 경고하고 있는 것이다. 개라는 독립적 개체를 응시하던 시인의 시선이 인류 및 모든 생물의 터전인 지구로 향하는 거시적 접근 방식은 이미 엔첸스베르거의 시 「사과에 대한 조사(弔詞)」에서도 드러난 바 있다. 지구를 '가장 좋은 위성'으로 빛내 주었던 생명공동체가 파멸을 맞이한다면, 이러한 대재앙의 근본 원인은 지구를 소유의 대상으로 여기는 인류의 주인의식에 있다. 시인의 '경고'는 지구상의 모든 생물을 지배와 착취의 대상으로 규정하는 인류의 인간중심적 패러다임에 대한 반성을 일깨워 준다.

창세(創世) 전으로 돌아가는 인류
― 예르크 칭크의 「인류의 마지막 7일」

예르크 칭크 1922년 독일의 엘름 출생. 시집으로는 1972년 슈투트가르트와 베를린에서 동시에 출간된 『아직 미래는 있다』가 대표적이다.

태초에 하느님께서 하늘과 땅을 창조하셨다

그러나 수백만 년이 지난 뒤
인간은 말하였다. "여기서 누가 하느님을 입에 담어?
나는 스스로 미래를 손에 쥐고 있다구."
인간이 손아귀에 미래를 틀어 쥔 다음
지구의 마지막 7일이 시작되었다

첫째 날 아침

인간은 결심했다
자유롭고 착하고, 아름답고 행복하기로 마음 먹은 것이다
더 이상 하느님의 형상을 닮은 존재가 아니라
인간이기를 원했다
그래도 인간은 무엇인가를 믿어야만 했기에
자유와 행복을
숫자와 집합을
증권거래소와 진보를

개발계획과 안전을 믿었다
제 자신의 안전을 위하여
인간은 발 밑의 땅을
유도탄과 원자폭탄으로 가득 채우고야 말았다

둘째 날

공업용수 속에서 물고기들이 죽어갔고,
화학공장에서 제조한
살충용 가루약품에 새들이,
거리에서 뭉게뭉게 피어나는 배기가스를 마시며 야생토끼들이,
소시지에 곱게 칠한 염료를 먹고 애완용 개들이,
바다의 기름과
대양의 밑바닥에 쌓인 쓰레기를 먹고 청어들이 죽어갔다
쓰레기들이 활성적(活性的)이었기 때문이다

셋째 날

들판의 풀과
나무 잎사귀
바위틈의 이끼와
정원의 꽃이 시들었다
인간이 스스로 날씨를 가공하고
정확한 계획에 따라 비를 분배해주었기 때문이다
비를 나누어주는 전자계기를 작동하면서

사소한 실수가 있었지만
사람들이 그 실수를 발견했을 때는 이미
아름다운 라인강의
메마른 강바닥 위에 짐배가 멈춰 있었다

넷째 날

40억 중 30억의 인간들이 멸망해갔다
한 무리는 인간이 길러냈던
병(病)들 때문에 죽어갔다
다음 번의 전쟁을 위해 미리 준비해둔
컨테이너 뚜껑을 닫는 것을
누군가가 깜빡 잊었기 때문이다
인간의 약품들도 소용이 없었다
약품들은 이미 오랫동안
마사지용 크림과 돼지 허릿살에 사용되어야 했으니까
또다른 무리는 기아에 허덕이며 죽어갔다
그들 중 몇 사람이
곡식창고의 열쇠를 은밀한 곳에 숨겨두었기 때문이다
굶어 죽어간 자들은 그들의 행복을 책임져야 할
하느님에게 저주를 퍼부었다
"하느님은 정녕 인간을 사랑하는 분이었던가!"라고

다섯째 날
마지막 인간들이 붉은 단추를 눌렀다

그들로서는 위협을 느꼈기 때문이다
불덩이가 지구를 뒤덮고
산들이 불타오르며 바다는 증발해버렸다
도시의 콘크리트 조각들이
검게 그을린 채 연기를 뿜고 서 있었다
하늘의 천사들은
파아란 혹성이 빨갛게 되고
그 다음엔 더러운 갈색으로 변했다가 결국은 잿빛이 되는 것을 보았다
이때 천사들은 그들의 노래를 10분간 중단하였다

여섯째 날

빛이 꺼졌다
먼지와 재에 가려서
태양과 달과 별이 보이지 않았다
로케트用 벙커 속에서 살아남은
마지막 바퀴벌레도
도저히 견딜 수 없는
과도한 열 때문에 죽어갔다

일곱째 날

마침내
안식이 찾아왔다
지구는 황폐하고 텅 비어 있었다

메마른 땅 표면에서 갈라져버린

틈새와 균열 위로 어둠이 가득하였다

그리고 인간의 정신은

죽은 유령이 되어 혼돈 위를 헤매고 있었다

그러나 저 아래 심연, 지옥에서는

자신의 미래를 손아귀에 틀어 쥔

인간에 대해

왁자지껄 이야기를 떠들어대고 있었다

그 웃음 소리가 하늘로 크게 울려 퍼진 나머지

천사들의 합창 소리에 닿고 말았다

*「인류의 마지막 7일/ Die letzten sieben Tage der Menschheit」: 1972년에 발표된 시. 예르크 칭크의 시집 『아직 미래는 있다』(1972)에 처음 수록된 후, 1981년 생태 엔솔로지 『직선들의 폭풍우 속에서. 독일의 생태시 1950－1980』 제7장 '묵시록' 편에 재수록 되었다. 이 시는 성경의 「요한계시록」을 연상케 할 정도로 인류의 종말에 대한 예언적 성격을 지니고 있다. 「요한계시록」에서 천사가 일곱 개의 봉인(封印)을 하나하나 떼어낼 때마다 서로 다른 일곱 가지의 재앙이 흘러 나왔듯이, 이 시에서도 7일 동안 날마다 다른 재앙들이 다채롭게 펼쳐지고 있다. 성경의 창세기 1장에서 7일 동안 진행된 하느님의 창조 과정이 이 시에서는 7일 동안의 파멸 과정으로 전환된 것이다. 창세기에서 여섯째 날은 하느님이 모든 생명체들의 창조를 완성하는 날이었지만, 이 시에서 여섯째 날은 인류를 비롯한 모든 종(種)들이 멸망하는 날로 묘사되어 있다. 또한 창세기에서 마지막 일곱째

날의 '안식'은 완성 후의 충만감과 만족감을 의미하지만, 이 시에서 일곱째 날의 '안식'은 파멸 후의 공허와 적막을 나타낸다.

이 시에서 등장하는 '하느님'을 자연법칙의 또다른 이름으로 볼 수 있다. 시인은 인간이 자연법칙을 거스른 데서 지구 종말의 원인을 찾고 있다. 인간도 자연의 일부분이므로 자연의 순환질서에 순응해야만 생명을 유구히 지속해나갈 수 있다. 그러나 자연을 지배의 대상으로 규정하면서부터 인간의 불행은 시작되었다는 것이 시인의 견해이다. 인간은 자연을 상생(相生)의 파트너로 생각하지 않고 자신의 욕망을 충족시키기 위해 반드시 소유하고 정복해야 할 대상으로 취급했던 까닭에 지구의 멸망을 앞당기고 있다는 것이다. 인간은 과학기술을 통해 자연을 이용하게 되면 행복과 번영이 무한히 보장될 것으로 믿었다. 그러나 자연에 대한 인위적 조작과 가공이 거듭될수록 이러한 낙관적 믿음은 흔들리기 시작하였다. 자연을 수탈하고 착취하는 과정에서 파생된 부작용들이 도리어 인간의 생명을 위협하는 시한폭탄이 되었기 때문이다. 이 시의 내용과 오늘의 시대상황을 견주어 볼 때, 현대인들은 이미 파멸의 '둘째 날'을 지나 '셋째 날'을 경험하고 있다. 자연과 인간의 동반자적 관계를 회복하지 못한다면 시인 예르크 칭크의 예견처럼 인류는 마지막 '일곱째 날'을 향해 가까이 다가갈 뿐이다.

인류의 화석

― 베른트 M. 말루나트의 「유산」

베른트 M. 말루나트 1943년 독일의 안거부르크 출생. 시 「유산」을 통해 본격적으로 문단 활동을 시작하였다.

어느 날
폐허의 잔해 속에서
원자로를
공룡의 화석처럼 발굴하리라
삶을
지탱할 수 없었던 자들의
유산으로

*「유산/ Hinterlassenschaft」: 1981년에 발표된 시. 1981년 생태 엔솔로지
『직선들의 폭풍우 속에서. 독일의 생태시 1950 ― 1980』 제8장 '고생물학적
후막(後幕)'편에 수록되었다. 생태 엔솔로지의 문을 닫는 역할을 하고 있다.
1980년대 미국과 소련이 핵실험과 핵무기 개발에 박차를 가하기 시작하면
서 군비경쟁과 함께 본격적으로 신냉전 시대에 돌입하게 된다. 이에 따라
핵전쟁의 발발이 가능해졌고, 제2차 세계대전과는 비교조차 되지 않는 물
리적 파괴력에 의해 인류가 파멸할 수도 있다는 위기의식이 고조되기 시작
하였다. 시인은 당대의 정치적 상황을 토대로 충분히 예측 가능한 미래의
종말을 그려내고 있다. 세계를 지배하고 정복하기 위해 개발한 핵무기들이
모든 사람들의 '삶을 지탱할 수 없게' 하여 세계를 '폐허의 잔해'로 만든다

는 것이다. 전쟁은 인간 상호간의 상생을 파괴시키는 데 그치지 않고 인간
과 자연의 상생까지도 단절시키게 마련이다. 핵의 가공할 위력 앞에서 인
류뿐만 아니라 생태계의 다른 종(種)들도 도미노 현상을 일으키듯 연쇄적
으로 몰락해 갈 것이다. 시인은 모든 생물들이 차디찬 땅에 묻혀 화석으로
변해버린 적막한 풍경을 마지막 '유산'처럼 쓸쓸히 노래하고 있다. 생태 엔
솔로지의 서시(序詩) 「시조새의 꿈」에서 묘사된 것처럼 공룡과 함께 에코
토피아의 주역으로 살아가던 인류는 미래의 어느 날 '원자로'를 관으로 삼
아 '공룡의 화석' 옆에 나란히 누워 있게 될 것인가? '폐허의 잔해'를 마지
막 '유산'으로 물려받을 수 없다는 경고의 메시지가 위기의 시대를 살아가
는 모든 현대인들에게 물려줄 가장 중요한 '유산'이 아닐까?

■ 참고문헌

1. 一次文獻 Primärliteratur

Becker, Jürgen: Das Ende der Landschaftsmalerei. Gedichte. Frankfurt am Main 1974.

Brun, Rudolf(Hrsg.): Der grüne Protest. Frankfurt 1978.

Czechowski, Heinz: Zwischen Wäldern und Flüssen. Natur und Landschaft in vier Jahrhunderten deutscher Dichtung. Halle 1965.

Enzensberger, H. M.: Die Verteidigung der Wölfe. Frankfurt 1957.

Fried, Erich: Am Rand unserer Lebenszeit. Berlin 1987.

Ders.: Anfechtungen Fünfzig Gedichte. Frankfurt am Main 1990.

Ders.: Es ist was es ist. Gedichte. Berlin 1983.

Ders: Wächst das Rettende auch? Gedichte für den Frieden. Köln 1986.

Grünbein, Durs: Grauzone morgens. Frankfurt am Main 1988.

Kirsch, Rainer/Kirsch, Sarah: Gespräch mit dem Saurier, Berlin 1965.

Kirsch, Sarah: Katzenkopfpflaster. Gedichte. München 1978.

Ders: Landaufenthalt. Gedichte. Ebenhausen bei München 1977.

Kolbe, Uwe: Vineta. Frankfurt am Main 1998.

Kunert, Günter: Abtöttungsverfahren. Gedichte. München&Wien 1980.

Ders.: Gedichte. Stuttgart 1987.

Ders.: Im weiteren Fortgang. Gedichte. München 1974.

Ders.: Unterwegs nach Utopia. Gedichte. München&Wien 1977.

Mayer − Tasch, Peter Cornelius(Hrsg): Im Gewitter der Geraden, Deutsche Ökolyrik 1950 − 1980. München 1981.

Weyrauch, Wolfgang(Hrsg): Expeditionen. München 1959.

2. 二次文獻 Sekundärliteratur

Amery, Carl: ELF Thesen zum ökologischen Materialismus. In: Tintenfisch 12. Thema Natur. Hrsg. v. Hans — Christoph Buch. Berlin 1977.

Buch, Hans — Christoph(Hrsg.): Tintenfisch 12. Thema Natur. Berlin 1977.

Domin, Hilde: Wozu Lyrik heute?. München 1975.

Gebhard, Walter: Naturlyrik. Von Loerke zur Ökolyrik. In: neun Kapitel Lyrik. Hrsg. v. Gehard Köpf. München Wien Zürich. 1984.

Ders.: Oskar Loerkes Poetologie. München 1968.

Goodbody, Axel: Ökologie und Literatur. Amsterdam 1988.

Hartung, Harald: Neuere Naturlyrik in der DDR. In: Naturlyrik und Gesellschaft. Hrsg. v. Norbert Meckenburg. Stuttgart 1977.

Haupt, Jürgen: "Gespräch über Bäume": Zum Natur und Entfremdungsproblem in sozialistischer Lyrik der Gegenwart. In: Die Horen 17, H. 4(1972).

Heise, Hans — Jürgen: Gespräch über Bäume. Rheinischer Merkur 34. Nr. 41(12. 10. 1979).

Krörrich, Otto: die deutsche Lyrik der Gegenwart. Stuttgart 1971.

Marsch, Edgar: Moderne deutsche Naturlyrik. Stuttgart 1980.

Mayer — Tasch, Peter Cornelius: Ökologische Lyrik als Dokument der politischen Kultur. In: Im Gewitter der Geraden. Deutsche Ökolyrik. Hrsg. v. P. C. Mayer — Tasch. München 1981.

Ders.: Umweltbewußtsein und Jugendbewegung. In: Ökologie und Grundgesetz, Frankfurt 1980.

Metzner, Ralf: Die Entfaltung des ökologischen Weltbildes. In: Tiefenökologie. Hrsg. v. Franz — Theo Gottwald u. Andrea Klepsch. München 1995.

Minde, Fritz: Bobrowskis Lyrik und die Lyrik der naturmagischen Schule. In: Johannes Bobrowskis Lyrik und Tradition. Frankfurt am Main 1981.

Piontek, Heinz: Deutsche Gedichte der sechziger Jahre. Stuttgart 1984.

Schlesak, Dieter: Wort als Widerstand. Paul Celans Herkunft — Schlüssel zu seinem Gedicht. In: Literatur — Magazin Nr. 10/1979.

Schnell, Ralf: Die Literatur der Bundesrepublik, Autoren, Geschichte, Literaturbetrieb. Stuttgart 1986.

Schwendter, Rolf: Theorie der Subkultur. Köln/Berlin 1971.

W. Meeker, Joseph: The Comedy of Survival: Studies in Literary Ecology. New york 1974.

3. 국내 문헌

고진하 · 이경호(엮음):『새들은 왜 녹색별을 떠나는가』. 다산글방 1991.

구승회:『에코필로소피』. 새길 1995.

구승회:「환경주의 이데올로기와 에코아나키즘」. ≪오늘의 문예비평≫. 1998. 겨울.

김용민:「새로운 생태문학을 위한 시도: 에리히 프리트의 사회주의 생태시」. ≪현상과 인식≫. 1993. 겨울.

김용민:「생태사회를 위한 문학」. ≪현대문학≫. 2000. 7.

김욱동:『문학생태학을 위하여』. 민음사 1998.

김종철:『간디의 물레: 에콜로지와 문화에 관한 에세이』. 녹색평론사 2000.

김종철:『시적 인간과 생태적 인간』. 삼인 1999.

김 진:『칸트와 생태주의적 사유』. 울산대학교 출판부 1998.

데이비드 페퍼:『현대환경론』. 이명우 外 역. 한길사 1995.

도정일:『시인은 숲으로 가지 못한다』. 민음사 1994.

머레이 북친:『사회생태론의 철학』. 문순홍 역. 솔 1997.

머레이 북친:『사회생태주의란 무엇인가』. 박홍규 역. 민음사 1998.

문순홍:『생태학의 담론』. 솔 1999.

박상배:「생태 — 환경시와 녹색운동」. ≪현대시≫. 1992. 6.

박이문:「생태학과 예술적 상상력」. ≪현대예술비평≫. 1997. 겨울.

박이문:『문명의 미래와 생태학적 세계관』. 당대. 1998.

박혜경:「생태여성주의의 사상」. ≪시문학≫. 1999. 9.

백낙청:「분단체제의 극복과 생태학적 상상력」. ≪녹색평론≫. 1995. 9 - 10.

송용구:『녹색의 저항. 독일의 생태시』. 들꽃. 2003.

송용구:『느림과 기다림의 시학 - 현대 생태시론 』. 새미. 2006.

송용구:『생태시와 저항의식』. 다운샘. 2001.

송용구:「생태시의 성격과 전개 양상」. ≪시와사상≫. 2001. 가을.

송용구:「에리히 프리트의 생태주의 문학」. ≪시와사상≫. 2001. 여름.

송용구:『에코토피아를 향한 생명시학』. 시문학사. 2000.

송용구:『직선들의 폭풍우 속에서. 독일의 생태시 1950 - 1980』. 시문학사. 1998.

송용구:「직선들의 폭풍우 속에서 - 생명주의와 자연」. ≪현대시≫. 2000. 2.

송용구:『현대시와 생태주의』. 새미. 2002.

신덕룡:「생명시 논의의 흐름과 갈래」. ≪시와사람≫. 1997. 봄.

신덕룡:『초록 생명의 길 Ⅰ』. 시와사람사. 1997.

신덕룡:『초록 생명의 길 Ⅱ』. 시와사람사. 2001.

신덕룡:『환경위기와 생태학적 상상력』. 실천문학사. 1999.

앤드류 돕슨:『녹색정치사상』. 정용화 역. 민음사. 1988.

이남호:『녹색을 위한 문학』. 민음사. 1998.

이동승:「독일의 생태시」. ≪외국문학≫. 1990. 겨울.

이마미치 도모노부:『에코에티카』. 정명환 역. 솔. 1993.

이진우:『녹색 사유와 에코토피아』. 문예출판사. 1998.

이진우:「생태학적 상상력과 자연의 미학」. ≪현대비평과 이론≫. 1998. 가
    을 · 겨울.

임도한:「한국 현대 생태시 연구」. 고려대 박사학위 논문. 1999.

장정렬:『생태주의 시학』. 한국문화사. 2000.

장정렬:「한국 현대 생태주의 시 연구」. 한남대 박사학위 논문. 1999.

정수복:『녹색 대안을 찾는 생태학적 상상력』. 문학과지성사. 1996.

정호웅:「녹색 사상과 생태학적 상상력」. ≪문학사상≫. 1995. 12.

최병현:「에코포에틱스와 현대시」. ≪시문학≫. 1999. 7.

최영길:『성서의 녹색 언어』. 가톨릭 출판사. 1999.

한스 요나스『책임의 원칙: 기술시대의 생태학적 윤리』. 이진우 역. 서광사. 1994.

송 용 구

시인 · 문학평론가.
고려대학교 문과대학 독어독문학과와 같은 대학원을 졸업했으며(문학박사), ≪시문학≫
추천으로 등단하였다. 시집으로『별빛 지는 새벽마당에 서면』,『풀피리 소리보다 향기
로운』,『꽃길에서』,『기도시집. 눈물을 사랑하게 하소서』,『아직은 소중한 것들이 남아
있다』 등이 있으며,『느림과 기다림의 시학』,『현대시와 생태주의』,『녹색의 저항. 독일
의 생태시』,『생태시와 저항의식』,『에코토피아를 향한 생명시학』 등의 문학연구서와『직
선들의 폭풍우 속에서. 독일의 생태시 1950~1980』,『히페리온의 노래. 횔덜린의 자유
와 사랑의 시』,『소설로 읽는 성서』,『연인에게 이르는 길. 헤르만 헤세 시집』 등의 역
서가 있다. 2002년 9월 이후 고려대학교 독일어권문화연구소 교수로 일하고 있다.

독일의 생태시

지은이 송용구

인쇄일 초판1쇄 2007년 8월 17일 **발행일** 초판1쇄 2007년 8월 25일
발행처 새미 등록일 2005.3.15 제17-423호

편 집 박지혜, 이초희, 김나경 **영 업** 정구형
총 무 한선희, 손화영, 박지연 **물 류** 박홍주, 김종효

서울시 강동구 암사동 463-25 2층
Tel 441-1762, 442-4623,4,6 **Fax** 442-4625
www.kookhak.co.kr / kookhak2001@hanmail.net

ISBN 978-89-5628-280-0 *93180
가 격 14,000원

"이 저서는 2002년도 한국학술진흥재단의 지원에 의하여 연구되었음(KRF-2002-075-A00084)"